國家圖書館出版品預行編目資料

抽樣方法:理論與實務 / 鄭光甫;韋端著.－－初版
四刷.－－臺北市: 三民, 2016
面；　公分

ISBN 978–957–14–2215–2　（平裝）

1.抽樣理論 2.統計學

511.27　　　　　　　　　　　　　84005724

Ⓒ　抽　樣　方　法
——理論與實務

著 作 人	鄭光甫　韋　端
發 行 人	劉振強
著作財產權人	三民書局股份有限公司
發 行 所	三民書局股份有限公司
	地址　臺北市復興北路386號
	電話　(02)25006600
	郵撥帳號　0009998–5
門 市 部	（復北店）臺北市復興北路386號
	（重南店）臺北市重慶南路一段61號
出版日期	初版一刷　1995年8月
	初版四刷　2016年5月
編　　　號	S 510320

行政院新聞局登記證局版臺業字第○二○○號

有著作權·不准侵害

ISBN　978–957–14–2215–2　（平裝）

http://www.sanmin.com.tw　三民網路書店
※本書如有缺頁、破損或裝訂錯誤，請寄回本公司更換。

抽樣方法

理論與實務

鄭光甫
韋端

著

三民書局

序

　　以抽樣調查作為取得母體資訊的方法，到今天已可說是非常普及的常識，但它卻要用人類整個文明發展期間來醞釀，直至本世紀初技術才逐漸成熟，成為20世紀科技文明的重要基石。

　　而到了今天20世紀末，電子媒體快速便捷、無遠弗界地傳遞資訊，使人和人、區域和區域之間的關係更加緊密的拉近。也因此，曾有人預言：21世紀中誰能迅速掌握正確的資訊，誰就能掌握世界。如何有效掌握無誤的資訊呢？本書中所談的統計抽樣方法即是一種具有科學理論依據的工具。若是運用得當的話，它能夠在短的時間內，快速取得具有「代表性」的資料，並且分析得到有效無誤的資訊，以為決策的依據。

　　臺灣地區在經濟、社會各方面的發展都將到達世界先進國家的水準，自然對抽樣調查方法的精緻運用也有強烈需求。雖然大學使用的教材可直接應用國外書籍，但整合技術及國內數據、案例的著作一直是各界期盼的。五年前韋端教授曾出版《抽樣方法的應用》一書，即是呼應了市場的需要。惟數年來抽樣方法的應用更形廣泛和成熟，資料的更新和技術的創新也促成新著作的動機。因此我們二人以前書為基礎，用心合作完成本書，一方面加強書中的抽樣方法的理論基礎，另一方面也提供讀者諸君對未回卷處理、隨機反應等新理論的基本知識和應用，同時對國內外實務應用有廣泛深入的研析。

　　本書在目前這個時刻出版，不可避免地成為跨世紀運用的工具書，

我們希望它作為臺灣地區在 21 世紀資訊文明競爭中的資產，作為臺灣地區文化進步的一項見證。

作者要感謝國內外統計同仁多年的切磋砥礪，使臺灣的統計水準不論理論、方法或資料運用一直維持在世界前茅。本書獻給他們，並向這些科學先鋒致敬。

鄭光甫

韋　端謹識

84 年 6 月

抽樣方法：理論與實務

目　錄

第十章　抽樣方法在國內外之應用

附錄：歷年高考抽樣試題 ·············173

參考文獻 ··············187

索　　引 ··············191

習題解答 ··············195

第一章　抽樣調查及普查

　　很多社會、經濟、市場等方面的研究都必須經由社會或經濟調查所得的資料結論來作分析的基礎。通常談到調查，我們都必須提到抽樣。全體的「抽樣」調查即是普查。不管是抽樣調查或是普查，都是統計調查，都是經由問卷設計的結果去估計母體的特徵或變數間的關係。母體的特徵例如為：平均所得、全國總生產毛額、全國支持總統公民直選的平均比率等。統計調查的應用範圍還包括農業、醫學、工業等。雖然處理的問題不盡相同，但方法和精神卻是一致的。

第一節　什麼是抽樣

　　我們每個人幾乎每天都必須在不完整的認知基礎上建立自己的資訊系統，然後做適當的決策。譬如，買一大箱梨子，一般人通常都是看上層梨子的品質好或壞來決定是否買整箱梨子。假如梨子是好壞相當均勻的分散在整箱中，則上層梨子部分可說是「好的樣本」。用上層梨子的好壞來做決策的依據，可說是平均錯誤不大。然而，倘若販賣商刻意將好的梨子放在上層，則如此決策可能令人相當失望。好的統計學家決策的方式不一樣。他們通常是以每一層「隨機抽樣」出來梨子的品質好壞來做決定是否購買的依據。因此抽樣是什麼呢？統計學家的抽樣工作即是形同將好壞梨子重新均勻分配在箱子中的工作。如此一來，決策就不

容易產生誤導的現象。

第二節　抽樣調查之可行性準則

基本上，抽樣調查之角色為「資訊之蒐集」，必然因需要而辦理。辦理的結果要符合需求，也必然要負擔成本，因而抽樣調查之可行性準則有三：

一、有效準則

本項準則表示抽樣調查應該符合成本效益，亦即所獲資訊的價值應超過所支付的成本，方為可行。所謂資訊之價值，係指在其他狀況不變下，資訊使用者在使用資訊後所表現之績效與未使用此資訊所表現出之績效之間的差值。在抽樣成本中，依成本性質亦可區分為抽樣固定成本及抽樣變動成本。

$$\boxed{\text{抽樣調查之資訊價值}} \quad > \quad \boxed{\text{抽樣調查之成本}}$$

二、可測量準則

表示抽樣的正確程度必須能夠測量，否則抽樣調查就失去意義。

三、簡單準則

與客觀環境比較，抽樣調查必須保持簡單性（simplicity），這也是一般統計方法的儉約原則（principle of parsimony）的要求。

第三節　抽樣調查之隨機原理

隨機原理之意義為：樣本應是根據機率之理論（如用隨機數表）選出來，而不是主觀之選擇或自由之參與。依照隨機原理選出來的樣本，

經過嚴格評估其代表性測量值，才能適當地反應母體之內涵，估計值之
精確度及準確度才會有客觀的評估。因此，樣本及樣本數的決定理由，
應是依據隨機原理，可使樣本適切地反應母體的性質，且能顯示預定之
抽樣精確度。

　　良好的抽樣，可以極少比例之數量充分表現母體的性質。以相片為
例（圖1-1），原照片頭以50萬點來表達，但若用正確的明暗比例抽
樣，則雖僅用250點，亦可表現原照片的特徵（站在稍遠點觀察，即可
辨認）。當然，增加樣本數至1,000點及2,000點，精確度自會增加。須
注意的，如果是不良的抽樣，例如只抽頭髮部分，則再多的點數，也難
以辨認為原相片。

　　再以抽血檢驗為例，縱然是對抽樣最為懷疑的人，也不會認為驗血

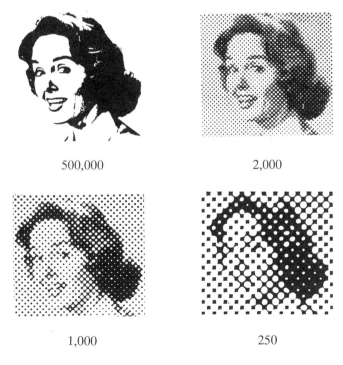

500,000

2,000

1,000

250

圖1-1　樣本對母體之代表性

必須將病人的血液抽光作全數檢驗，才算驗出血型。這是因為循環使血液均勻分布於血管，達到隨機性之要求，故極少量血液即能代表母體。

第四節　　抽樣調查之優點

抽樣調查之優點有下列各項：

1.由樣本計算所獲得之估計值，雖然具有抽樣誤差，但是可依據適當的統計原理，求得其代表母體特徵參數估計之精確度及準確度。

2.因抽樣調查之單位數較少，故可節省調查過程及結果整理和分析的經費與人力。

3.可在較短時間內獲得有關資訊。於調查某一具有時效性之事項尤其重要。蓋普查之實施及結果之整理分析所需時間較長，因此待結論之獲得時，實用價值乃大為減低。

4.因為少數的優秀技術人員容易聘請並給予特殊訓練，所以抽樣調查結果所得資料常較普查所得者為正確。

5.在某種複雜事項之觀測調查時，因需要有受過良好訓練的技術人員及特殊設備之關係，普查往往極難實施，甚至不可能，但抽樣調查則較易施行而得到較深入的結果。

6.利用抽樣技術及機率理論，可獲得精確度之估計值。

7.涉及破壞性的檢驗時，只有用抽樣方法始有可能保存部分產品。

第五節　　對「抽樣」的一些錯誤觀念

抽樣調查是有一些無法令人滿意的部分。例如，抽樣並無法提供每一個人詳細的資料；平均所得和有錢人或窮人的收入相比，都顯示相當大的誤差，等等。然而，有一些人對抽樣理論的懷疑卻是由一些錯誤觀

念產生來的。以下我們舉出一些情形並說明錯誤觀念的地方：

一、由區區數千人的樣本想去充分代表二千萬人的作法，是不可思議的

錯誤的地方是在於，一個國家人口的總數和為了達到適當估計精確度所需要的樣本數之間，是沒有關係的。同樣的道理，假如一大箱梨子是好壞充分均勻的分配在箱子中的話，上層梨子的品質即可充分估計整箱梨子的品質。估計的精確度和梨子總數有多少並沒有多大關係。重要的是梨子是否均勻分配在箱中，而抽樣即是將梨子重新均勻分配。

二、抽樣調查產生出來的結果是可議的，因為抽樣的誤差是未知的，而且無法控制的，抽樣結果的可靠度純粹與運氣有關

錯誤的地方是在於，運用適當的分層設計，吾人可以使用「機率抽樣」來減低抽樣結果的誤差，並計算誤差值的大小，以決定抽樣結果的可靠度。重要的是，使用機率抽樣。

三、抽樣是唯一產生誤差的地方

事實上，抽樣誤差僅是誤差的一部分，此外另有非抽樣誤差。非抽樣誤差的討論另見他節。

四、普查的結論比抽樣調查的結論可靠

事實上是，假如非抽樣誤差比抽樣誤差大的話，抽樣調查的結果可能遠比普查的結果可靠。1946 年法國用抽樣結果去印證商業普查的結論，發現普查的非抽樣誤差過大，以致於普查結論不值得發布。事實上，近代來的普查理念是，僅就少數重要的基本問題對每一個人做普通性調查，其餘佐以抽樣調查配合。結果是，經濟效益提高，而且資料可靠度也增強。

第六節　抽樣方法之歷史回顧

一、早期抽樣調查發展史

1897 年 Anders N. Kiaer 在 1895 年應用系統抽樣於挪威工人調查，隨後提出有關分層、集體、多段抽樣及調查後分層方法應用的探討，並對其原理有詳細深入的研究。

1903 年國際統計學會（ISI）決定支持採用這些抽樣方法，於 1926 年發表研究報告，強調隨機抽樣的重要性，並介紹比例分層抽樣，且對調查時所發生沒回答的情況加以重視。

1930 年，由於美國經濟大恐慌，政府須參考各種數據資料，以謀求解決之道，因此促進了大量抽樣調查的成長。通常這些調查方法都是在主觀選取的大樣本地區上，使用系統及隨機之抽樣方法。

二、Rothamsted 實驗站

1920 年代，R. A. Fisher 在 Rothamsted 實驗站的研究，使得統計理論及應用邁向了另一個新的紀元。在實驗設計上，Fisher 強調隨機性，重複性及局部控制（相當於分層）。而此想法影響了在實驗站的其他研究人員，如 Frank Yates, Zacapony，及 William G. Cochran 等人，他們於1930 年代中期，將此應用在抽樣理論上。隨機性及重複性可使樣本資料單獨被用來推估抽樣誤差，而分層則可用來減少抽樣誤差。

該實驗站亦將多段抽樣法用於早期的農業抽樣調查。另有變異數分析之研究以供變異數及其成分之估計方法，並同時考慮到成本費用與精確度、準確度兼顧之準則。

三、Neyman 的經典論著

Jerzy Neyman 於 1934 年參加由皇家統計學會（Royal Statistical Society）在倫敦所舉行的會議並發表論文 "The Two Different Aspects of the Representative Method"。他以機率抽樣為基礎，從有限母體所取得的樣本得到推論。此外，Neyman 還將判斷（立意）抽樣與隨機抽樣兩種方法加以比較評估。而在此文中亦首度介紹有關信賴區間的概念。Neyman 還提出最適分層抽樣法的理論。

1937 年 W. Edwards Deming 爲 Neyman 安排在美國農業部舉辦演講，其中有一場是有關人口抽樣方法的演講。Milton Friedman 與 Sidney Wilcox 則在演講中提出雙重抽樣的問題。Neyman 因而將其深入研究，於 1938 年發表了雙重抽樣的理論。

四、印度統計研究中心

Prasanta Chandra Mahalanobis 於 1930 年代創辦了印度統計研究中心。此中心擁有陣容非常堅強的統計人員，爲一學術研究兼教育及訓練中心，負責執行印度全國抽樣調查及其他統計計畫。代表人物有 Mahalanobis 與 P. V. Sukhatme。Mahalanobis 主張不要一味模仿先進國家的技術，而應將其改良以適合印度的國情。他發展出一套「統計技術學」，建立費用與變異數估計上之設計。而 Sukhatme 則對分層抽樣與非抽樣誤差之控制貢獻良多。

五、美國農業部愛荷華州立大學實驗站之合作

19 世紀中期美國農業部引用相當粗糙之抽樣及估計方法來調查農作物之面積及產量。1920 年代又有迴歸方法的介紹。1938 年農業部的 C. F. Sarle 首先與愛荷華州立大學實驗站合作，進行研究工作。愛荷華州立大學素以其優良的抽樣調查訓練聞名。1939 年 Cochran 由 Rothamsted 實驗站轉至愛荷華州立大學實驗站研究。1942 年 R. J. Jessen 發表一篇文章，研究有關農業的最佳樣本規模，導引「Master Sample of Agriculture」計畫的推展，並爲普查局提供了 1945 年農業普查的抽樣，另外尚有母體前後兩期特性值的估計方法的發展，1942 年 Cochran 將迴歸推估方法應用在抽樣調查上。1946 年他還將系統抽樣法的理論加以闡述說明。

六、美國普查局

1.1937 年普遍查記（enumerative check census）：1937 年美國舉辦全國性的失業自願登記，這是由郵局負責執行並抽取樣本區作普遍之

查記。在隨機抽取的郵遞路線上，由郵差訪問所有的住家。這調查使用「調查之查記」對「自願登記」之比例估計，調查結果則證明抽樣方法對於極明顯重要的全國性問題之研究上是很有用的。

2.1940 年人口普查：將所有住戶人口，每人一行，連續填列。凡落在預先指定行數之人口，則同時為普查及抽樣調查之資料。

3.勞動力調查（labor force survey）：1942 年勞動力調查改用規模比例機率之抽樣方法，並且依年齡、性別及種族為調查後之分層依據。

4.1954 年勞動力調查之修定：1954 年普查局重新設計勞動力調查，並將名稱改為「Current Population Survey, CPS」。樣本規模與以前相同，約 25,000 家，但將原來 68 個主要抽樣單位增為 230 個主要抽樣單位，並採輪換樣本法。調查結果發現，由新舊樣本所推估而得的失業人口，有很大的差異。經研究後得知，此因對於新舊區域的訪查員訓練與輔導發生差異所致，原有的 68 個區域獲得較少的注意，而新的區域則獲得較多的訓練與輔導。

5.引伸抽樣方法至其他領域：由於勞動力調查的成功，遂將抽樣方法應用到製造業、零售業、批發業、農業、政府部門、社會調查及其他領域。

6.大型普查之重新設計：1950 年人口普查前後所作的研究重點為普查誤差之測定，包含：(1)涵蓋誤差（coverage error）與內容誤差（content error）；(2)訪問員間及內（between and within）之回答誤差。結果發現訪問員內之回答誤差（即起因於訪問員個人之誤差）相當嚴重，而自填法可以大大地減少此種誤差，這導致以後普查均以自填法為主要的蒐集資料方法。

7.Univac 及電子處理：1950 年人口普查以 Univac 之電腦作資料處理，並開始發展以電腦作業檢誤、計算及推計之方法。

8.1960 年人口普查：1950 年人口普查雖是用電腦處理，但仍須數

百名電腦操作員將大量資料輸入電腦。因此普查局請國家標準局設計發展一套 FOSDIC 系統（Film Optical Sensing Device for Input to Computer），作為 1960 年人口普查資料輸入之用。1960 年人口普查，部分採自填法，其問卷分 4 種，以其適用樣本之大小，依問卷複雜程度，訪查比率依次為 100%、25%、20%、5%。第一種問卷回收後，立即拍成微縮影片，然後由 FOSDIC 輸入電腦。而其他種類之問卷，則須先完成人工檢誤及代碼工作，再進行上述之程序。

　　9.統計顧問小組：普查局在 1955 年至 1968 年間，受益於 Cochran 所主持的統計顧問小組的指導。

　　10.其他特點：普查局之發展主要有賴於高階層管理者、執行人員及統計方法研究人員三者的合作，對於問卷設計、抽樣及資料蒐集等方法，持之以恆地不斷去設計、測試、評估及修改。

七、其他早期有貢獻之學者

　　在 1930 年至 1960 年代，尚有 Deming 對於品質管制的研究，H. O. Hartley 與 Leslie Kish 對抽樣方法的訓練及 Tore Dalenius 對最適分層法研究等貢獻。

第七節　統計抽樣調查的一個案例：臺灣地區進出口意向調查

一、調查目的

　　為明瞭臺灣地區未來進出口貿易短期消長及貿易地區變動趨勢，按季辦理臺灣地區進出口意向調查，作為全國總資源供需估測之參據，並提供政府釐訂財經貿易政策，輔導廠商強化對外貿易競爭力之參考。

二、調查機關

　　行政院主計處。

三、調查地區

臺灣地區全域，以企業為抽樣及調查單位。

四、調查方法

通信調查為主，派員催報、複查為輔。

五、抽樣方法及樣本數

以經濟部國貿局出版之進出口績優廠商名錄約 5,700 家為抽樣母體，抽出前一年臺灣地區進出口實績達 300 萬美元以上之績優貿易廠商 1,200 家列為調查對象。

六、調查內容

1.進出口額之上一季實績數、當季估計數及下一季預計數；出口額按離岸價格（FOB）計值，進口額按到岸價格（CIF）計值，金額均以千美元為計算單位。

2.進出口額實績數與預（估）計數均按商品別（以國際商品統一分類制度為分類原則）及地區別分列。

3.對下一季出口單價及進口單價變動幅度之判斷。

4.對下一季出口額預計數及進口額預計數變動原因之調查。

七、樣本母體推估方式

本統計係採用比率推估法，依樣本廠商填報之上一季及當季商品別及地區別調查數與該二季海關進出口統計之關係比率予以估計，公式如下：

$$比率\ Rh = \left(\frac{第\ h\ 類商品（地區）上一季海關金額}{第\ h\ 類商品（地區）上一季調查金額} + \frac{第\ h\ 類商品（地區）當季海關金額}{第\ h\ 類商品（地區）當季調查金額} \right) \times \frac{1}{2}.$$

1.各類商品（地區）估計值（Yh）：

Yh ＝ 第 h 類商品（地區）下一季調查（預估）金額 × Rh.

2.總估計值（Y）：

$$Y = \sum Yh.$$

八、歷年調查統計與海關統計之比較

1.就最近五年（民國 77 ～ 81 年）調查統計與海關統計比較（參閱表 1-1），進出口年平均絕對誤差有逐年縮小趨勢。

2.就調查統計誤差率（＝（絕對誤差／海關統計）×100%）來看，出口調查統計年平均誤差率均低於 5%，進口除民國 77、78 年外，最近幾年亦低於 5%. 歷年各季平均絕對誤差率出口調查更僅達 0.73%，進口亦僅達 1.00%（圖 1-2）.

表 1−1　海關統計與調查統計之比較

單位: 百萬美元, %

		出　　口		絕　對誤　差	誤差率	進　　口		絕　對誤　差	誤差率
		海關統計	調查統計			海關統計	調查統計		
民國 77 年	I	13,742	13,370	372	2.71%	12,402	10,350	2,052	16.55%
	II	15,521	13,916	1,605	10.34%	12,300	12,699	399	3.24%
	III	15,427	15,686	259	1.68%	12,345	12,034	311	2.52%
	IV	15,978	15,521	457	2.86%	12,626	12,757	131	1.04%
平均絕對誤差		−	−	673	4.44%	−	−	723	5.82%
民國 78 年	I	14,961	14,783	178	1.19%	12,188	13,624	1,436	11.78%
	II	17,193	16,414	779	4.53%	13,743	13,186	557	4.05%
	III	17,588	17,566	22	0.13%	13,300	13,659	359	2.70%
	IV	16,562	17,411	849	5.13%	13,034	13,441	407	3.12%
平均絕對誤差		−	−	457	2.76%	−	−	690	5.28%
民國 79 年	I	15,255	16,187	932	6.11%	13,444	12,731	713	5.30%
	II	16,608	16,519	89	0.54%	13,478	13,592	114	0.85%
	III	17,591	16,990	601	3.42%	13,230	13,803	573	4.33%
	IV	17,760	16,751	1,009	5.68%	14,564	14,570	6	0.04%
平均絕對誤差		−	−	658	3.91%	−	−	352	2.57%
民國 80 年	I	16,828	16,526	302	1.79%	15,174	14,085	1,089	7.18%
	II	19,317	18,259	1,058	5.48%	15,638	14,313	1,325	8.47%
	III	20,194	19,455	739	3.66%	15,907	16,062	155	0.97%
	IV	19,839	19,705	134	0.68%	16,141	16,198	57	0.35%
平均絕對誤差		−	−	558	2.93%	−	−	657	4.18%
民國 81 年	I	19,093	18,981	112	0.59%	16,525	16,317	208	1.26%
	II	20,824	20,756	68	0.33%	18,134	17,032	1,102	6.08%
	III	20,670	20,910	240	1.16%	18,561	18,816	255	1.37%
	IV	20,883	20,459	424	2.03%	18,756	18,403	353	1.88%
平均絕對誤差		−	−	211	1.04%	−	−	480	2.66%
民國 77 ~ 81年 平均絕對誤差		−	−	511	0.73%	−	−	580	1.00%
民國 82 年	I	20,045	19,882	163	0.81%	18,706	17,858	848	4.53%
	II	21,910	21,354	556	2.54%	19,892	19,643	249	1.25%
	III	21,253	22,049	796	3.75%	18,950	19,776	826	4.36%
	IV	21,709	22,037	328	1.51%	19,514	19,650	136	0.70%
平均絕對誤差		−	−	461	2.17%	−	−	515	2.67%

絕對誤差＝∣海關統計−調查統計∣

誤　差　率＝（絕對誤差／海關統計）× 100%

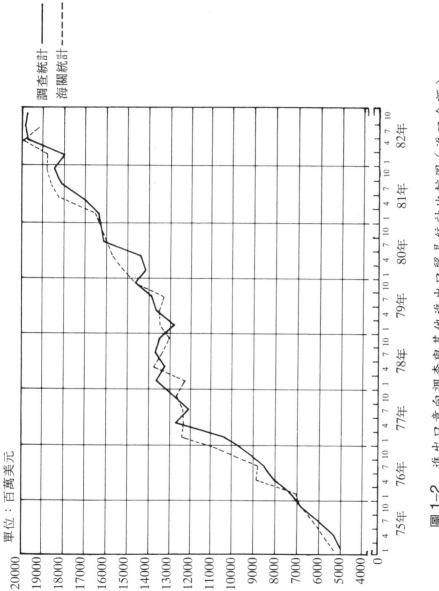

圖 1-2　進出口意向調查與其他進出口貿易統計比較圖（進口金額）

習　　題

1.試論抽樣調查及普查的差異及優缺點。

2.試述抽樣調查的可行性準則。

3.抽樣調查的隨機原理爲何？ 其用處爲何?

第二章　母體、樣本及其他觀念

第一節　母體和樣本

在統計調查中我們所欲蒐集資料的所有可能的對象或單位所構成的集合稱之爲母體。通常針對每一單位，我們所蒐集的資料包括多數個變數值。任何母體的一部分均可以稱爲樣本。

樣本可以分爲機率樣本及非機率樣本。機率樣本是由機率（隨機）抽樣所得的母體的部分；非機率樣本則是非由機率抽樣所得者。我們通常所稱的樣本即是機率樣本。

抽樣調查的目的即是希望應用樣本中的資料去估計，研究母體的特徵性質。但是，經常不幸的可以發現，這個研究的過程經常產生一些複雜變化。複雜變化之一爲研究的母體經常不是我們調查的母體，因此產生所謂的母體涵蓋的誤差（非抽樣誤差）。譬如，我調查的母體是所有家庭所構成的集合，而事實上我們研究的母體應該是所有家中有青少年兒童的家庭，因此研究結果自然產生明顯的誤差。涵蓋誤差（coverage error）的大小取決於研究母體和調查母體之間的差異大小，和樣本是沒有關係的。Kish（1979）爲了說明涵蓋誤差對研究的影響，指出了數種不同母體的觀念：

一、推論母體（inferential population）

推論母體通常定義較粗略，較不明確，涵蓋的單位（units）範圍較廣。例如，以臺灣地區全體人民對總統直選的意見爲例。推論母體是包括臺澎金馬「全臺灣地區人民對總統直選的所有意見」所構成的；但是並沒有說明是那個時間的意見。由於意見可以隨時間變化而變化，因此母體會隨時間改變而改變。由此看來，理念上我們可以有無限多個母體。

二、目標母體（target population）

通常目標母體單位（units）涵蓋的範圍較有限，較明確。以上例爲例，目標母體可以爲「臺灣島人民於民國 82 年 12 月 16 日時對總統直選的所有意見」所構成的集合。和推論母體的差異在於：⑴意見不包括澎湖、金門、馬祖等外島人民意見；⑵調查時間明確訂於民國 82 年 12 月 16 日。

目標母體和推論母體的差異通常隨著研究者的計畫差異而改變。一般人通常將目標母體和推論母體混爲一談。例如民國 82 年 6 月所調查的臺灣島人民對總統直選的意見和民國82 年 12 月調查的結果都通稱爲「全體人民對總統直選意見」的調查結果。殊不知已造成研究調查的範圍較小，而推論範圍過分膨脹的錯誤。

三、底冊母體（frame population）

底冊即爲母體單位的名冊，統計調查前須首先建立調查底冊。統計抽樣即利用底冊資訊去抽取決定樣本單位。底冊的建立通常須借用既有的普查資料。因此，以普查來校正抽樣調查之母體，此一觀念，應予以確立。底冊另外含蓋其他相關資料，可以利用來做：⑴分層抽樣或比例抽樣的基礎；⑵比例（ratio）或迴歸估計量的基礎。底冊母體使用的不當，會和目標母體產生相當大的差異。例如：目標母體是全臺灣地區有投票權的成年人，底冊母體則爲由電話簿中名單所產生的名冊；其間差

異，不容忽視。

　　我國目前重要的母體底冊檔計有農、漁產普查村里資料檔，工商業普查村里資料檔，年終戶籍統計村里資料檔及工廠校正資料檔等。雖有時空差異，底冊母體和目標母體仍須儘量力求一致，或者其差異能夠具體測度，而能於估計時彌補其誤差。這樣，以底冊母體爲抽樣之母體才能有所意義。表2–1詳列我國政府目前已有之母體底冊檔的統計項目、性質、保管機關及其用途，以作爲抽樣調查之基礎。以進出口意向調查爲例，底冊母體即爲約5,700家之進出口績優廠商名錄。

表 2–1　統計調查應用母體檔

1.農漁業普查村里資料檔	
檔內收錄之統計項目	本檔分農業村里檔與漁業村里檔兩部分，各檔所儲錄之內容如下 ⑴農業村里檔 　①村里農戶概況：包括總農戶數，總農戶男、女人口數，農戶未滿15歲，15至59歲，60歲以上等之男、女人口數，參加自家農業工作或從事農業以外工作者人數，參加自家農業工作延工日數，雇用人工全年總延工日數，換工及幫工全年總延工日數等項目 　②村里農戶數（按各種特性分之次數分配情形）：含按戶內人口數分，按農業指揮者之教育程度、性別、年齡分，按專兼業情形分，按耕地所有權分，按耕地規模分，按年底飼養各種家禽（畜）頭數分，按農戶生產之主要農畜產品種類分，按農戶經營上困難分等 　③村里農場狀況：包括村里農場數，農場水、旱田面積，農場從業場員與從業家屬人數，農場常雇員工數及全年延工總日數，農場臨時員工全年延工總日數等項目 　④村里農業總概況：含村里水、旱田面積，利用各種水源灌溉之水、旱田面積，各種農機具之臺數，機耕之情形，各種短期作物種植之面積與收穫量，各類長期作物之種植面積，收穫面積與收穫量，菇菌類種植面積與收穫量，各類家禽（畜）年底之飼養戶數與頭數，蜂蜜、蜂王漿、蠶繭、鹿茸、牛乳、雞蛋、鴨蛋之全年產量等 ⑵漁業村里檔：內含村里內漁撈戶戶數、養殖戶數、獨資漁戶數、合夥漁戶數、公司組織漁戶數、其他組織漁戶數、獨資漁戶數按專兼業分，獨資漁戶戶內總人口數，未滿15歲人口數，15歲以上人口數（按性別分），漁業勞動力之投入狀況，動力漁船之艘數、船員數、總噸數及全年漁獲量，無動力漁船之艘數、船員數及全年漁獲量、淡水魚塭之口數面積、鹹水魚塭之口數面積
檔內收錄之統計單位	村里
建檔或更新年份	中華民國年次末位逢9之年份（民國69年以後）
保管機關	行政院主計處

用途	(1)可為抽樣母體，使抽樣設計有效執行，並提高估計之精確度
	(2)對於隨機樣本不足之抽樣調查可以本母體檔為基準推估，以提高精確度
	(3)對調查項目設計較為精簡之各種專業調查未予調查之項目，可由本檔各項目間之相關性予以推估取得
	(4)利用本母體檔為小地區統計之分析，可供地區開發規劃，地區別農漁業經營效能、地區別農漁業施政成果考核評估或農漁業行政及業務機構組織人員配置等作業之參考
附註	(1)可與各種村里代號對照檔連結，利用機器印製抽取之樣本村里中文名冊
	(2)距離建檔期較遠年份應以農戶校正調查資料作必要之修正

2.工商業普查村里資料檔	
檔內收錄之統計項目	本檔分場所單位綜合村里檔、企業單位綜合村里檔、場所單位細業別村里檔與企業單位細業別村里檔等四個檔，各檔儲錄之資料項目分別為 (1)場所單位綜合村里檔：內含村里之礦業、製造業主要動力設備、用水量、用電量，以及八大行業之家數與按員工人數分之家數分配，二級產業概況（含總員工人數，使用土地面積，使用建築物延面積等），三級產業概況 (2)企業單位綜合村里檔：內含村里之礦業、製造業主要動力設備、用水量、用電量，原材物料耗用總值，燃料耗數與按員工人數分之家數分配，二、三級產業概況（含總員工人數，使用土地面積，使用建築物延面積、薪資、電力費用、勞工保險費、福利及津貼等項支出及全年總支出，主要業務收入、營業收入、總收入、年初及年底之存貨存料、流動資產、土地、機器及各項設備、固定資產、累計折舊、其他資產之數額、年底租用及借用固定資產、出租及出借固定資產數額、全年稅捐支出、中間支出及生產總值等） (3)場所單位細業別村里檔：內含村里內按細行業分之總員工人數，扣除臨時員工人數，交通運輸工具用油量，主要燃料耗用量，使用土地面積，營造業建築用地面積，建築物延面積等項目 (4)企業單位細業別村里檔：內含村里內細行業分之按營業額分家數之分配、總員工人數、扣除臨時員工人數、工礦業之用水量、用電量、交通運輸工具之汽油、柴油用量、主要燃料耗用量，使用土地面積，營造業建築用地面積，建築物延面積、薪資、勞工保險、福利及津貼等項支出及全年總支出，主要業務收入、營業收入、總收入、年初及年底之存貨存料、流動資產、土地、機器及各項設備、固定資產、累計折舊、其他資產之數額、年底租用及借用固定資產、出租及出借固定資產額、全年稅捐支出、中間支出、生產總值等項目
檔內收錄之統計單位	村里
建檔或更新年份	中華民國年次末位逢0或5之年份（民國50年以後）
保管機關	行政院主計處
用途	(1)可為地域抽樣母體，使生活供應業、零售業、修理業等櫛比鱗次於街道之零細產業之樣本設計有效執行 (2)以本檔資料做有關之小地區統計分析，可供地區開發規劃，地區人力資源運用、地區開發程度評估、交通設施與路線規劃及工商行政或業務機構組織人員配置等項作業之參考 (3)可為地區社會指標之重要基本資料

附註	可與各種村里代號對照檔連結，利用機器印製抽取之樣本村里中文名冊

3.工商業普查按戶重要項目檔	
檔內收錄之統計項目	每一企業或場所單位之所在地村里代號、財稅資料中心之營利事業登記號碼、細行業代號、開業年月、組織別、登記別、工廠登記證號碼，常僱員工之男女人數與薪資、不支固定薪資員工之男女人數與薪資、臨時員工之男女人數與薪資、使用土地面積，建築物延面積，營造業建築用地面積、工礦業年底主要動力設備、用水量、用電量、營造業顧客提供材料估計值、交通運輸業汽車客運行車公里數與汽車貨運行車公里數，金融服務業之年底存款餘額與年底放款餘額，原料物料耗用總值、電力費用、勞工保險費、福利及津貼、稅捐等項之全年支出與全年總支出、全年主要業務收入、營業收入與總收入、年初與年底之存貨及存料額、流動資產額、土地額、機器及各項設備額、固定資產額、累計折舊額、與其他資產額、年底之租用、借用固定資產額與出租出借之固定資產額、全年之中間支出額與生產總值
檔內收錄之統計單位	每一企業或場所
建檔或更新年份	中華民國年次末位逢 0 或 5 之年份（民國 50 年以後）
保管機關	行政院主計處
用途	(1)作為工商業各種專案抽樣調查之抽樣母體，可使抽樣設計有效執行並提高估計精確度 (2)利用本檔資料有關之階層別類型分析多層次產業結構之現況與各類工商企業經營績效，可供研擬產業結構改進與工廠配置等措施之參考 (3)由本檔資料之損益差異及各種財務分析等可為政府產業調整或業者決定經營方針之依據與參考 (4)有關工商業抽樣調查隨機樣本不足時可以本母體檔為基準推計，以提高估計之精確度
附註	(1)用為抽樣母體時，對於離普查年較遠之年份應以營利事業登記資料或工廠校正之資料予以更新補充 (2)可與營利事業登記資料連結印製中文名冊

4.戶口及住宅普查村里母體檔	
檔內收錄之統計項目	各村里總戶數、總人口數、男性人口數、女性人口數、單身戶之戶數及戶內男、女人口數、非單身戶之戶數及其戶內男、女人口數、共同事業戶之戶數及其戶內男女人口數、村里內按性別與年齡組別分組之各組人口數、按性別與婚姻狀況分組之各組人口數
檔內收錄之統計單位	村里
建檔或更新年份	中華民國年次末位逢 9 之年份（民國 69 年以後）
保管機關	行政院主計處

用途	(1)可爲以全臺灣地區爲抽樣全域或爲地域（縣市或鄉鎮）欲辦調查之抽樣母體
	(2)以全臺灣地區爲抽樣全域時可免太多段之抽取方式而直接抽取所需調查之村里，以簡化抽樣手續
	(3)對於隨機樣本不足之抽樣調查資料，可以藉本母體檔資料爲基準推估，以提高估計之精確度
	(4)作爲地區開發規劃，開發程度評估與交通設施或路線規劃等作業之參考資料
	(5)作爲編製小地區統計之重要基本資料
附註	(1) 離普查時期較遠年份之調查，應以年終戶籍統計資料加以調整
	(2) 可與各種村里代號對照檔連結，利用機器印製抽取之樣本村里中文名冊

5.年終戶籍統計村里資料檔	
檔內收錄之統計項目	各村里之總戶數，男女別之人口數，單身戶之戶數及其戶內男、女人口數，共同生活戶之戶數及其戶內男女人口數，共同事業戶之戶數及其戶內男女人口數，村里內人口數之按性別與年齡組別分，按性別與婚姻狀況分，按性別與教育程度分，按性別與勞動力或非勞動力狀況分，村里內就業人口按性別與行業別、職業別及從業身分別分之人數
檔內收錄之統計單位	村里
建檔或更新年份	中華民國 65 年起隔年更新一次
保管機關	行政院主計處
用途	(1)可以全臺灣地區爲抽樣全域或爲地域（縣市或鄉鎮）欲辦調查之抽樣母體
	(2)以全臺灣地區爲抽樣全域時可免太多段之抽取方式，而直接抽取所需調查之村里，以簡化抽樣手續
	(3)對於隨機樣本不足之抽樣調查資料，可以藉本母體檔資料爲基準推估，以提高估計之精確度
	(4)作爲地區開發規劃，開發程度評估與交通設施或路線規劃等作業之參考資料
	(5)作爲編製小地區統計之重要基本資料
附註	可與各種村里代號對照檔連結，利用機器印製抽取之樣本村里中文名冊

6.工廠校正資料檔	
檔內收錄之統計項目	工廠名稱，所在地址，代表人姓名，工廠登記證號碼，營利事業統一編號，業號代號，組織型態，經營方式，登記資本額、廠地及建築物面積，僱用員工人數，動力設備馬力數，電熱設備容量及年底存貨存料總值，主要產品產量，全年各項收入與支出，主要耗用原材料名稱
檔內收錄之統計單位	每一工廠單位
建檔或更新年份	除工商業普查年外每年更新
保管機關	經濟部工廠校正調查聯繫小組

用途	(1) 做爲有關製造業工廠各項專案抽樣調查之抽樣母體
	(2) 提供各地區各業別最新之工廠名錄資料
	(3) 提供工廠營運概況之分析資料,以爲工廠管理與輔導之依據
附註	

7.財政部財稅資料中心營業稅中文稅籍主檔	
檔內收錄之統計項目	稅籍區營利事業統一編號,行業代號、公民營別、組織別、開業年月,異動日期與原因,資本額,負責人之身分證統一編號、姓名、商號名稱、營業地址
檔內收錄之統計單位	每一有營利事業登記之商號
建檔或更新年份	每月
保管機關	財政部財稅資料處理及考核中心
用途	提供工商業各事業單位新設立、復業、歇業、註銷等最新異動情形之資料,可供其他母體更新或補充之用
附註	(1) 可以中文印表機直接印製樣本名冊
	(2) 中文爲財稅碼

四、調查母體（survey population）

　　即在底冊母體中,若被抽樣選中,願意而有能力回答問卷的所有單位（或人）所構成的集合。這個母體的觀念,基本上將底冊母體中的所有單位劃分爲有傾向趨於反應及沒有傾向趨於反應二種。這種抽象的「傾向」觀念,假設是在抽樣之前即已存在。因此底冊母體和調查母體之間的差異是在於對調查是否有反應（response）。

第二節　　誤差

　　所有不管是由樣本資料或者是普查資料所計算出來的統計量,都存在著誤差。誤差基本上可以劃分爲抽樣誤差及非抽樣誤差。抽樣誤差可以經由增加樣本數來減低,但非抽樣誤差是度量或結構差異產生的誤差,無法由增加樣本來減低。通常而言,抽樣調查方法之決定乃基於母體之性質、預算以及可容忍之誤差等（圖 2-1）。

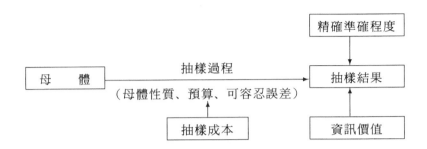

圖**2-1** 抽樣過程及方法之決定

假如我們從同一族群母體中抽出樣本，並由樣本來估計母體參數時，則可發現每一估計值與母體特徵參數間都有差異，且其差異隨樣本之不同而變，並非一固定數值。此種誤差稱爲統計誤差（圖2-2）。誤差之來源有二，即抽樣誤差及非抽樣誤差。誤差之大小導致精確度（precision）及準確度（accuracy）之變化，茲依圖2-2分述如下：

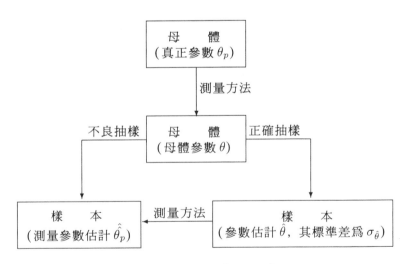

圖**2-2** 統計誤差之結構

1.準確度（accuracy）$= \theta - \theta_p$（屬非抽樣誤差，由測量工具之不精而產生）．

2.抽樣誤差（sampling error）$= \hat{\theta} - \theta$，增大樣本可降低之，普查則此項爲 0.

3.$\hat{\theta}$ 之精確度（precision）$= Z_\alpha \cdot \sigma_{\hat{\theta}}$，$-Z_\alpha$ 爲標準常態分布之（α）100%百分位點，亦稱可靠度係數（reliability coefficient）。

4.信賴水準（confidence level）$= (1 - 2\alpha)$ 100%.

5.非抽樣誤差（nonsampling error）$= \hat{\theta} - \hat{\hat{\theta}}$，增大樣本數不能使之減小。誤差之產生也是由於量測工具之不精而產生。

6.進出口意見調查例中之絕對誤差 $= |\hat{\hat{\theta}} - \theta_p|$.

一、抽樣誤差

由於隨機樣本未能完全代表母體而引起之誤差爲抽樣誤差，此爲抽樣統計上所不可避免，但能經由統計理論而估計其大小。普查之抽樣誤差爲零。

對正確之抽樣而言，抽樣誤差即爲參數 θ 與其估計 $\hat{\theta}$ 之差，而以估計 $\hat{\theta}$ 之標準差 $\sigma_{\hat{\theta}}$ 來測量抽樣之精確度（precision）（定義如圖 2–2）。由於參數 θ 爲未知，故抽樣誤差爲不可測量之值。理論上，我們通常用均方差（Mean Square Error, MSE, 圖 2–3）來表示估計的好壞。

$$
\begin{aligned}
\text{MSE} &= E(\hat{\theta} - \theta)^2 \\
&= E[\hat{\theta} - E(\hat{\theta}) + E(\hat{\theta}) - \theta)]^2 \\
&= E[\hat{\theta} - E(\hat{\theta})]^2 + [E(\hat{\theta}) - \theta)]^2 \\
&= Var(\hat{\theta}) + (\text{偏差})^2.
\end{aligned}
$$

上式中，偏差（bias）爲估計平均數 $E(\hat{\theta})$ 與參數 θ 之差，若估計爲不偏，則偏差爲零。估計之變異數 $Var(\hat{\theta})$ 則與該估計之效率有關。在選取適當之估計時，如以均方差之大小爲準則，則可在偏差與估計變異數之間作一取捨。設有 θ 之兩個估計，$\hat{\theta}_1$ 及 $\hat{\theta}_2$，如圖 2–4 所示，雖然 $\hat{\theta}_2$ 爲不偏，但其均方差較 $\hat{\theta}_1$ 之均方差爲大，故此時以選取有偏誤之 $\hat{\theta}_1$ 爲

宜。

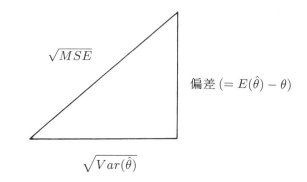

$$\sqrt{MSE}$$

偏差$(= E(\hat{\theta}) - \theta)$

$$\sqrt{Var(\hat{\theta})}$$

圖 2-3 均方差與偏差之關係

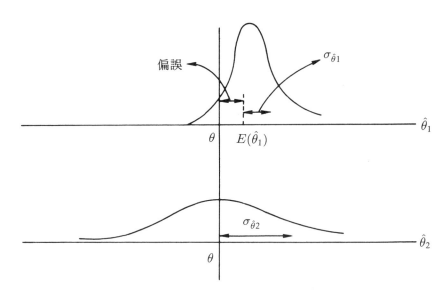

圖 2-4 估計之選取（以均方差為準則）

二、非抽樣誤差

　　由隨機因素以外的其他因素所造成的誤差，在實際做抽樣調查時經常發生，稱為「非抽樣誤差」，有時其規模甚至遠大於抽樣誤差，而且很難（或不可能）衡量；必須經由仔細設計，才能使之盡量降低，增大

樣本數並不能使之減少。其原因可如下述：

　　1.受未回卷或遺漏數據之影響：問卷回收不齊全或填答項目不完整。其影響及補救辦法在第六章及第七章詳細探討。

　　2.測量不準：由於測量方法及工具的不精良所導致。

　　⑴設計錯誤：對問題的了解不夠深入，形成觀念和邏輯上的偏離主題，導致整個抽樣計畫設計的錯誤，因此所測量者，並非母體真正參數。

　　⑵取樣不當：所根據之名冊失真，或者機率分布之選取不妥等許多原因，使取得之樣本並非配合所設計者。

　　⑶不可靠的答案：由於訪查員無法直接接觸受查者，而由別人間接獲得資料，或訪查員經驗不足而結果不確實，都會導致不可靠的問卷答案。產生不可靠答案的原因包括：

　　①題意不清：有些受訪者不知所問、無法回答或者不願去找出答案。

　　②隱匿事實或問題偏激：由於社會或行政壓力，不願意說出實情而捏造個容易被社會接受之答案，或者某些問題在用詞上激起答卷者之情緒不安而不願給予正確之答案。在此種情況下，可採用隨機反應法處理（見第八章）。

　　③更換樣本：為了在限期內有所交待或為了方便，抽樣對象與受訪人與原來計畫不同。

　　④訪查員之錯誤：誤解問題或加入自己之偏見。

　　⑤方法影響答案：例如用記帳取得家庭消費資料，則「記帳」本身即影響了答案（此即物理學的「海森堡效應（Heisenberg's effect）」，觀察本身即影響了被觀察者的狀況）。

　　3.資料處理錯誤：如記碼、打卡、資料傳輸或者程式設計之錯誤，可經由程式及資料登錄之有效控制而減少。

以取樣不當為例，通常接電話的人 70% 是婦女，如果做意見調查時不把這個因素考慮進去，不多打幾通電話，補足男性應占的數目，調查的結果就可能失衡。譬如 1984 年美國總統大選期間，一項測試性意見調查顯示，如果調查工作在接聽第一通電話的對象都受訪完畢後立即中止，則調查結果將是雷根以 3% 領先孟岱爾。可是當工作人員下定決心，訪問到隨機取樣名單上的每一個人時（他們曾撥 30 通電話才找到受訪對象），則結果顯示，雷根領先 13%，這與選舉的結果接近多了。

三、精確度與準確度

精確度（precision）乃用以衡量估計 θ 之統計量精確的程度，定義為 $P_{\hat{\theta}} = Z_\alpha \sigma_{\hat{\theta}}$. 故 $P_{\hat{\theta}}$ 愈小則表示 θ 之精確度愈高，$-Z_\alpha$ 為標準常態分布之（α）100% 百分位點，亦稱為可靠度係數（reliability coefficient），其大小須由專業知識決定。例如，在物價統計中，經濟學家若認為某項物價指數如上升 0.02. 則將影響經濟決策，則精確度 $P_{\hat{\theta}}$ 即須訂為 0.02.

準確度係衡量母體參數 θ 與母體真正參數 θ_p 間之差異。例如在慣性導引飛彈之設計中，設定目標之經緯度為 $\theta = (E, N) = (115°, 40°)$，則飛彈之設計落彈點應在 θ 附近，惟若目標點之真正經緯度 $\theta_p = (E_p, N_p)$，如與 θ 有相當距離，則表示愈精確之落彈，愈不會準確落於目標點。

精確度與準確度之關係如圖 2–5.

在社會及行為科學研究中，為了解所搜集資料的可靠性，通常以測量或調查工具的信度（reliability）及效度（validity）做比較。

信度係指測量結果的一致性或穩定性而言，若測量或調查工具的信度高，則每次測量結果必較一致或穩定；反之，若信度低，則測量結果必差異較大，故信度的意義與精確度相同。而效度係指經由測量或調查工具所得之結果是否能準確地測出所欲測量資料的特質或功能而言，因此可知，效度的意義與準確度相同。就信度而言，通常以測量結果與真

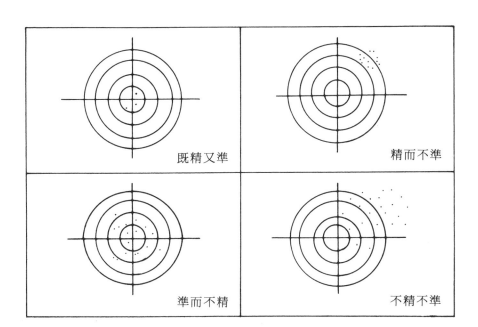

圖 2-5 精確度與準確度

正結果之變異量的高低，來比較不同測量工具間之信度高低。即依古典
測驗理論線性模式假設下：

$$X = T + \varepsilon.$$

X：測量分數

T：真正分數

ε：測量誤差

信度 $= \rho_{XT}^2$（X 與 T 之相關係數平方）$= \dfrac{\sigma_T^2}{\sigma_X^2}$；

σ_T^2 爲 T 的變異數，σ_X^2 爲 X 的變異數。

　　茲舉一例應用於心理和教育測量方面，假定有 5 個學生真正的數學
分數爲 89、80、72、60、54，現以甲乙兩套數學成就測驗同時測定他
們的數學成績，所得結果如表 2-2.從表中可知甲測驗的分數雖未命中真

正的數學分數，但兩者名次則完全相同，而乙測驗的 5 個分數雖與甲測
驗的 5 個分數雷同，但其名次卻與真正的數學分數不一致，其中，甲測
驗之信度為 0.995，而乙測驗為 0.043，可知甲測驗的信度高，乙測驗的
信度低。

表2-2 5名受試者數學成就的真正分數、實得分數及名次

受試者	實際成就		甲 測 驗		乙 測 驗	
	真正分數	名　次	實得分數	名　次	實得分數	名　次
A	89	1	92	1	64	4
B	80	2	85	2	92	1
C	72	3	75	3	56	5
D	60	4	64	4	85	2
E	54	5	56	5	75	3

就效度而言，我們亦可以將 σ_T^2 分割成

$$\sigma_T^2 = \sigma_{co}^2 + \sigma_{sp}^2.$$

其中 σ_{co}^2（correlated σ^2）為與測量特質相關的共同變異量，而 σ_{sp}^2（specific σ^2）為與測量特質無關的個別變異量。效度的定義為：

$$效度 = \frac{\sigma_{co}^2}{\sigma_X^2}.$$

由此可見，已經證實效度很高的調查工具（量表），信度一定很高。反
之，信度很高的量測調查工具，效度不一定夠高；信度很低的調查工
具，效度一定不符要求〔見楊國樞等人（1985）之著作，書中有詳細討
論信度和效度的觀念〕。

第三節　問卷設計

問卷設計大半要依賴研究人員的經驗和技巧，下列爲問卷設計之十個步驟：

1. 決定所要蒐集之資訊。
2. 決定問卷之類型。
3. 決定問題之內容。
4. 決定問題之型式。
5. 決定問題之用語。
6. 決定問題之先後順序。
7. 決定檢驗可靠度之問項。
8. 決定問卷版面之布局。
9. 試查。
10. 修訂及定稿。

有關問卷設計之形式、字句、次序等應行注意事項，分述如下：

一、問卷之形式

1. 開放式問題（open question）。
2. 二分式問題（dichotomous question）。
3. 複選式問題（multiple choice question）。
4. 聲明式問題（declarative question）。

二、問卷之用字遣詞

1. 詞意統一（uniformity of meaning）。
2. 詞意明確（preciseness of meaning）。
3. 避免偏見及導誤（freedom from undue influence of prejudice or bias）。

4.避免非理性及情緒化反應（freedom from tendency to arouse irrational or extremely emotional response）。

三、應予注意及儘量避免之錯誤

1.在語意上會引導受查者傾向於假設某種結論之問題。

2.易引起誤解之問題（misleading question）。

3.混淆不清（ambiguous question）。

4.重複問題（double question）。

5.無關旨意之問題（uninformative question）。

四、問題之安排次序

1.引起興趣。

2.重要問題放在重要地方。

3.避免受查者太勞累。

4.問題之連結應避免相互影響。

五、設計技巧

1.首先必須決定要獲得那些資料。

2.設計問題求得適切資料。

3.問卷不可太過冗長。

4.問卷之寫作，基本上要簡短扼要，儘量避免用複句、形容詞，盡量用肯定句。

六、應予避免之問題

1.記憶性太多之問題。

2.太普遍化問題。

3.需要太多之自我分析。

4.涉及社會地位及名譽。

底下例子說明由於問題的陳述方式不同，同一時間進行的兩種民意調查，可能產生完全不同的結果：

一、例：援助尼游

1.是否援助尼加拉瓜叛軍「以阻止共產主義勢力蔓延」（《時代周刊》調查）？

是	58%
否	29%

2.是否幫助「想要推翻尼加拉瓜政府的那些人」（哥倫比亞廣播與《紐約時報》調查）？

是	24%
否	62%

二、例：墮胎問題

1.是否提出憲法修正案「禁止墮胎」（《紐約時報》調查）？

是	29%
否	67%

2.是否提出憲法修正案「保護胎兒生命」（《紐約時報》調查）？

是	50%
否	39%

第四節　調查方式

一般抽樣調查的方式包括有：⑴通信問卷調查，⑵人員訪問調查，

⑶電話查詢調查等。這些方法的特性、問卷回收率的考量、成本、時間效率及溝通技術的需求等因素均可由表2-3的結果了解清楚。

表 2-3 調查方式之比較

方　式	通信問卷	人員訪問	電話查詢
特　性 結　果	1. 可送至分布極廣地區之任何人 2. 有較充裕時間容許對方思考作答 3. 避免直接影響誤差或記錄之錯誤 4. 個人問題可獲得較完全、正確之回答	1. 可在現場觀察到額外之情報 2. 住址可反應所在之環境 3. 若由良好訓練之調查員訪問可獲得較完整及正確之資訊 4. 對於可靠性及一致性可當面測試	1. 可輔助另二法之使用 2. 可利用機器作自動選號撥號 3. 須注意電話裝設者之母體特性
回收率	偏低	高	中等
成　本	低	高	低
時　效	中等	低	高
溝　通	1. 有較充裕之時間，容許對方思考作答 2. 可能誤解題意，不答或作不正確回答 3. 住址取得困難 4. 「非文盲」才能使用 5. 有效樣本數量及代表性難以控制	1. 在有限之時間無法正確作答 2. 可重複溝通 3. 易生打擾 —— 減少合作意願 4. 訪問人員訓練不足，易生偏差	1. 只能問有限之問題（5～6題） 2. 只可問簡單問題 3. 無法取得回答者之足夠資料 4. 較難判斷答案之真偽

第五節　電話調查的問卷設計程序

電話調查的問卷設計主要包括三部分：開場白、訪問記錄及問項設計。

一、開場白

電話撥通，找到受訪者後，便開始作調查，調查前須作開場白，其內容包括：

1.調查員的姓名、身分，及代表的機構。

2.何以要作調查。

3.如何得知受訪者的電話號碼。

4.為何不能調查別人（太太或鄰居等）。

5.確定合法並保密。

6.此次訪問要花多少時間。

如果受訪者應允，即可進行調查；如果受訪者不願意，仍應依下列拒訪原因作進一步的努力：

1.受訪者表示自己太忙；

　　→ 調查員試著另約時間。

2.受訪者表示自己身體不適；

　　→ 調查員：「真抱歉，能否在您好點後再打電話來？何時方便？」

3.受訪者表示自己年紀太大；

　　→ 調查員：「您的意見和別人一樣重要，但經驗和閱歷可能更豐富，我們非常需要您寶貴的意見」。

4.受訪者表示自己教育程度低；

　　→ 調查員：「問題很簡單，只是想知道您的感覺」。

5.受訪者表示沒興趣；

　　→ 調查員：「真的需要每位被抽中人的意見，否則結果便無意義」。

6.受訪者不願讓別人知道自己想法；

　　→ 調查員：「保證保密」。

7.受訪者認為調查無意義；

　　→ 調查員：「我們認為這次調查很重要，大家也關心結果，所以我們想聽聽您的意見」。

經過這番努力，如果受訪者仍不願被訪問，便不要勉強，謝過之後，掛上電話，繼續訪問下一位。

二、訪問記錄

訪問記錄（如表 2–4）應包括：

1.受訪者電話號碼、姓名（如果拒訪，設法記下性別和年齡）。

2.調查者姓名、編號。

3.問卷編號。

4.調查起迄時間及調查結果。

5.如時間不便，下次約定的時間。

6.聯絡 4 次不在的時間。

表 2–4　範例

受訪者姓名＿＿＿＿＿		問卷編號＿＿＿＿＿
電話＿＿＿＿＿＿		調查開始＿＿月＿＿日
地區＿＿＿＿＿＿		＿＿時＿＿分
		調查結束＿＿時＿＿分

開　　場　　白
………………………………

日　　期	時　　間	訪員姓名	結　　果

結果：

1.沒人接

2.外出（何時回來）

3.搬家

4.拒查（記錄原因）

5.完成調查

6.中途拒查

7.撥錯號碼

8.空號

三、問項設計

1.設計原則與郵寄問卷調查相似。

2.開始的問項要儘量簡單，以能引起受訪者興趣及注意為主。

3.因受訪者看不到問卷，故可將給調查者的指示放在問卷中，但須注意以特殊字體或表格標示，以免和問項混淆。

4.問項儘量用關閉式（closed-ended），以免受訪者漫長的回答而偏離主題。

5.問項不可過長，選項亦不可過多（3 或 4 項），以免受訪者聽誦完後，無法了解題意或無法記憶，需再復誦，耽誤調查時間，亦易影響回答品質。

6.敏感性高或與受訪者想法衝突大的問項應放後面，俟受訪者逐漸建立對調查員的信任後，會較樂意回答敏感或複雜性的問項。

7.問項中選項的順序亦需注意，如果問項性質很相近，答案選項也有規律可循，問卷順利進行的效率會大為提高。

8.注意調查者誦讀時方便，問項如有跳題情況，應以符號標示，且答案選項亦應易於辨認。

四、調查員的訓練

電話調查完全依賴調查員的聲調控制調查的進行，故調查員的素質關係調查品質甚鉅，調查員的訓練愈顯重要。

調查員需知道如何撥號（如長途電話的區域號碼）、鈴聲代表的意義、及如何在戶內選出所需受訪者等技術上的問題。另外，有關行政上的如誰在作調查、如何抽出電話號碼和有關問卷本身的問題，及調查目的、結果如何發表等，調查員均需非常熟稔，方不致引起受訪者不信任。

調查進行時，調查員應儘量詳細記錄答案，故調查員需要有正確、快速書寫或打字能力，又調查員必須能解釋問項涵意，但不可暗示答案。其他如控制時間、填寫記錄等訓練亦相當重要。

五、電話調查適當時機

電話調查時間非常重要，如在適當時間撥號，可找到代表性較高的

樣本，同時亦不致讓受訪者覺得受到打擾而拒訪。

由於現代社會，夫婦兩人在外工作的情形，越來越普遍，上班時間作調查通常只找到家庭主婦、老年人或小孩，故調查最適當時機乃在能配合一般人作息，如星期一至星期五的晚上 6 時至 9 時，星期六及星期日的下午和晚上。

根據研究，電話調查一般以 15 分鐘之內結束，效果較好。但必要時可延長最多至一個鐘頭，因為受訪者一旦接受調查，通常會不好意思掛電話，但越到後來回答的品質可能會越不如前面的。

第六節　樣本使用方式

樣本使用方式可分為重複調查（repeated survey）、同樣本調查（panel survey）、追蹤調查（logitudinal survey）、輪換樣本調查（rotating panel survey）、分裂調查（spilt panel survey）等。重複調查係每次調查均重新抽樣，使用新樣本（fresh sample）進行同樣的調查，是最常用的方法。但重複調查因為每次樣本不同，所以調查的結果同時表現了母體的變化及樣本的變化，而無法區分這些變化，並且每次重新抽樣也增加成本及時間。同樣本調查則利用同一樣本作長期的觀察調查（所以亦稱追蹤調查），雖然忽略母體的變化，但可集中力量於樣本變化的研究上。同樣本調查在國內已應用於農家調查，惟尚少應用於其他社會及經濟調查，日後可以增加這一方面的應用。輪換樣本調查則取以上兩種調查的優點，每次換取部分樣本，既維持部分樣本的連續性以降低成本與維持資料的穩定性，又能加入部分新樣本來代表母體的變化；這種調查方式在我國勞動力調查中已使用多年。至於分裂調查則將樣本分為兩部分，一部分每次均採用新樣本（即為重複調查），一部分每次均用相同樣本（即為同樣本調查）。

習　題

1.試說明什麼是推論母體？目標母體？底冊母體？它們的差異在那裡？這些差異會產生什麼問題？

2.什麼是抽樣誤差？非抽樣誤差是什麼？試申論之。

第三章　統計調查計畫及執行

統計調查基本上包括二個主要工作: 其一為建立調查計畫及資料收集, 其二則為資料分析。

第一節　統計調查計畫

統計調查為非常重要的資料蒐集方法, 必須在研究計畫中列出, 其本身也為一個計畫。茲以政府辦理之統計調查為例, 說明如何訂定統計調查計畫, 民間所辦自可比照。我國統計法規定, 政府機關因業務需要向民間舉辦統計調查時, 應將調查計畫綱要及調查表先送主管主計機關核定。其由中央政府各機關舉辦者由中央主計機關核定, 省市機關舉辦者由該管省市主計處核定, 並報請行政院主計處備查, 其目的在整體規劃安排統計調查, 防止重複、浪費與數字紛歧, 並藉以增進聯繫, 革新技術, 提升調查品質及增廣其應用。統計調查計畫綱要內容, 經協調溝通及核定後, 即可正式研訂統計調查實施計畫。

統計調查實施計畫依核定計畫綱要擬訂, 明確規定統計調查之目的及法令依據標準時期、實施期間、區域、受查者、調查項目、調查方法、調查組織及人員設置、經費預算等, 並加釋例說明。其有一致性及其他應行補充事項, 亦應明文規定。其研訂程序及具體內容分述如下:

一、研訂程序

　　1.依據計畫綱要，研擬應予明細規定及釋例之事項。

　　2.參考有關資料，在多種可行方法中選取成本效益、時效與誤差控制較符理想者。

　　3.研訂明細規定事項及釋例，衡量工作進度與效益，擬訂計畫草案。

　　4.草案擬訂完成後，邀請有關機關人員就以下重點先行審核：

　　⑴是否符合計畫要點或規劃構想。

　　⑵有無可予刪除或移歸附件之處。

　　⑶是否陳義過高，難於執行或不易爲一般公意接受。

　　⑷有無與其他規定重複或牴觸。

　　⑸人力與物力調度規定有無難以執行。

　　⑹程序、權責、進度協調等之編排配置是否妥適。

　　⑺是否遺漏其他應有規定。

二、實施計畫具體內容

　　1.法令依據：統計法暨其施行細則及與調查、相關業務有關之法規。

　　2.調查目的與用途：實施統計調查之目的及預期統計結果之具體用途。

　　3.調查對象及區域範圍：調查地區、行業、家庭、族群、名詞定義以及調查單位界說與申報義務人等。

　　4.調查項目所採用之單位及調查表式：包括調查項目之定義、計算單位及填表說明等，詳細項目得以調查表及填表說明方式造報。

　　5.調查資料時期：規定資料之標準時期，包括靜態資料之標準時點及動態資料之標準期間。缺少靜態者或動態資料計算方法有兩種以上者，均須說明處理原則。

　　6.實施調查期間與進度：規定實地調查之起訖時間，並將調查規

劃、準備、人員遴選、訓練、資料審查、彙送、整理統計及發布等事項，分別列示進度，並將詳細作業別進度表列為附件。

7.調查方法：列述調查方法、資料蒐集程序與填報權責等。採用抽樣調查者，並應附抽樣設計，說明抽樣方法、樣本數以及誤差範圍、樣本配置、樣本使用方式、實際抽樣作業程序、未回件之處理及參數估計方法等。

8.結果表式及整理編製方法：備列主要結果表式及統計分析構想，並將資料處理方式與應辦工作扼要規定、具體結果表式及整理編製方法另列為附件。

9.報告編布：編布報告之種類、時間及辦理責任。

10.主辦及協辦機關與人員：詳述主辦及協辦機關名稱、臨時組織編制、權責，以及人員種類、任務、應置人數、來源、資格與遴選程序等。

11.所需經費及來源概算：列明調查所需經費總額及其來源，並經費預算明細表列為附件。

12.其他必要事項：

⑴試驗調查：辦理次數、時期、地區、分次試查要點、遴用人員與結果檢討等。

⑵訓練與宣傳：敘明訓練方式、宣傳時期、宣傳方式等。

⑶工作考核：列考核之概要，另以考核詳細規定作為附件。

⑷其他應行規定事項。

一般說來，收集什麼資料來分析和調查計畫的目的和最終計畫報告的格式有密切的關係。然而執行資料收集時，我們也時常發現有些資料必須花費大量的時間和金錢才能收集到，甚或有些資料根本收集不到；有時我們也會發現必須有額外的資料加入，才能做較有深度的分析。因此計畫有時也得稍做修正。惟這些必要的修正均應在進行大量調查之前

所執行的「測試計畫」中發現並調整過來。

第二節　資料分析

在資料收集並電腦建檔之後，我們便進行適當的資料分析。資料分析可以包括:

一、結果表式

通常基本資料和重要研究變數所建立的二階或高階列聯表，可以將結果，做初步的表式。列聯表的表達雖和研究目的有關，但一般由大量的列聯表中，想去了解重要變數間的關係，是不大可能的。通常，必須應用統計技術去檢定或度量變數間的相關性。

二、統計模型

除了列聯表的結果之外，我們可以應用較複雜的技術去分析資料; 例如，我們可以應用 log-linear 模型， logistic regression 模型等等，去研究資料的特性。

三、誤差分析

資料分析中應報告抽樣誤差的大小和可能的非抽樣誤差大小及其來源。特別的是，問卷的回收率有多少要報告; 其影響有多大要分析。

四、報告撰寫

通常包括有較一般性（較通俗性）的報告及技術報告。一般性的報告通常是針對分析結果，做選擇性的、重點性的報告。技術的報告是針對一般研究人員撰寫，其內容要求完整、詳盡。

習　　題

1.試述統計調查實施計畫的具體內容。

第四章　有限母體中的
機率抽樣及估計

　　抽樣理論中所討論的主要部分包括有：抽樣、估計及推論。抽樣方法是確定選取樣本的法則，估計方法則討論如何應用樣本去對母體的特徵值做適當的點估計。而推論部分則是研究估計量的性質，分配函數，進而導出母體特徵值的信賴區間等等。本章主要是討論抽樣理論基礎中的抽樣方法及估計方法。推論方法之部分在後章再論。

　　統計學家就母體的取樣而言，一般均較喜用機率抽樣方法（即隨機抽樣）。主要的原因是應用機率抽樣的話，則估計量的性質才可能導出。特別的是，估計量的精確度也可以用統計的理論算出，以衡量估計本身的抽樣誤差。惟有些統計調查的研究者則常用非機率抽樣方法來取樣。究其原因，除了個人的偏好及習慣之外，有時則是因為完全百分之百的依隨機理論來取樣並非可能。譬如，母體底冊不完整時，或問卷回收率不高時，均在某些程度上扭曲了隨機抽樣的要求。一般說來，大規模取樣的抽樣設計可以是非常複雜的。它可以是在好幾個抽樣階段中應用不同取樣原理而產生，也可以是機率抽樣及非機率抽樣混合而產生。這些方法雖不一樣，但均是以「取得有代表性樣本」的目的為原則。

第一節　　基本符號及定義

當我們調查一個母體的特徵或性質時，我們首先將這些性質量化以便數理處理。因此我們可以假設母體的性質是一個有 N 個元素的集合：$\{Y_1, \cdots, Y_N\}$. 例如，以家庭所得調查而言，Y_i 代表第 i 個家庭的所得，N 代表調查範圍中的所有家庭數。在這個量化過程中，那一個家庭代表第 i 個家庭並不重要。Y_i 有時也可以是一個向量值：$Y_i = (Y_{i1}, \cdots, Y_{id})$. 例如在一個 d 個問項的調查中，Y_{ij} 代表第 i 個元素對第 j 個問項的答案。本章中之處理假設 $d = 1$.

我們假設經由抽樣取得樣本 $\{y_1, \cdots, y_n\}$. 其中 n 是樣本個數，y_i 是第 i 個樣本的值。y_i 是 $Y_1, \cdots, Y_N$ 中間的某一個值，是經由取樣規劃取得的。此外，一些較重要的定義有：

$$Y = \sum_{i=1}^{N} Y_i:\ 母體總數\ (\text{population total})$$

$$y = \sum_{i=1}^{n} y_i:\ 樣本總數\ (\text{sample total})$$

$$\overline{Y} = \frac{Y}{N}:\ 母體平均\ (\text{population mean})$$

$$\overline{y} = \frac{y}{n}:\ 樣本平均\ (\text{sample mean})$$

$$P:\ 母體比例\ (\text{population proportion})$$

$$p:\ 樣本比例\ (\text{sample proportion})$$

$$f = \frac{n}{N}:\ 抽樣比例\ (\text{sampling proportion})$$

第二節　簡單隨機抽樣
（simple random sampling）

　　簡單隨機抽樣爲各種隨機抽樣方法的基礎。惟於實用上很少被單獨
應用，通常是配合著其他的變化（譬如分層）而使用於抽樣之工作上。
簡單隨機抽樣的原則是抽樣母體中的每個元素個體均有相同的機率被
抽中。因此，假設母體中有 N 個元素，設計的樣本數爲 n，而所有可
能的樣本組合個數爲 $\binom{N}{n}$，　簡單隨機抽樣保證每個可能的樣本組合
被抽中的機率均相同，且爲 $\frac{1}{\binom{N}{n}}$。　於實際應用，產生隨機樣本的方法
通常是應用電腦產生「隨機數」（random number），然後依序於母體
中抽取樣本。首先，於 1 及 N 之間產生隨機數 Z_1，然後於母體中抽取
第 Z_1 個元素當作樣本的第 1 個元素；接著於 1 及 $N-1$ 之間產生隨
機數 Z_2，然後於剩餘的 $N-1$ 個元素的母體中抽取第 Z_2 個元素當作
樣本的第 2 個元素。依此程序類推，直到 n 個元素被抽取，構成樣本爲
止。如此產生的樣本組合可以證明爲依簡單隨機抽樣原則抽取出來的
隨機樣本。以上隨機樣本中的元素被由母體中抽取出來後並「不置回」
（without replacement），因此樣本中的元素並不重複。若吾人考慮置
回（replacement）式的簡單隨機抽樣的話，則樣本中的元素可能重複。
這個結果於應用上有時並不很實際，不可行。但若 N 相當大時，且抽
樣比例 f 相當小時，我們於理論上可以證明置回式及不置回式的結果
應該一樣。因此應用操作上較簡易的置回式簡單隨機抽樣並無不可。決
定置回式隨機樣本的方法僅需考慮於 1 及 N 之間重複產生 n 個隨機數
$Z_1, \cdots, Z_n$，然後於母體中抽取第 $Z_1, Z_2, \cdots, Z_n$ 個元素組成樣本即可。
方法確實是較簡易。但於應用時，我們有時並不很容易確定 N 是否夠

大，且 f 是否夠小。我們於本章中主要是針對不置回式的簡單隨機抽樣做討論。

在簡單隨機樣本中，我們很容易可以了解任何母體元素 Y_i 被選入樣本的機率均為一致且機率值為 $\frac{n}{N}$（不是 $\frac{1}{N}$）．

假設我們定義選入樣本的指示變數：

$$I_i = 1 \quad 若 Y_i 被選入樣本，$$

$$= 0 \quad 若 Y_i 不被選入樣本。$$

則可以導出

$$E(I_i) = P_r(I_i = 1) = P_r（Y_i 被選入樣本）= \frac{n}{N}.$$

另外，若 $i \neq j$，

$$E(I_iI_j) = P_r(I_i = 1, I_j = 1)$$

$$= P_r（Y_i 及 Y_j 被同時選入樣本）$$

$$= \frac{n(n-1)}{N(N-1)}.$$

餘可類推：任何特定母體元素被同時選入樣本的機率均可導出。

一、母體平均數的估計

在統計調查的分析中，我們平常都希望去估計母體的平均數；例如，估計平均家庭所得，估計平均家庭消費支出，等等。我們一般的估計量為樣本平均數 $\bar{y}$. 不論 N 或 n 為何值，我們可以證明 $\bar{y}$ 為母體平均數 $\bar{Y}$ 的不偏估計量。證明很簡單，首先考慮等式：

$$\bar{y} = \frac{1}{n} \sum_{i=1}^{N} I_iY_i.$$

因此，由簡單隨機抽樣的結果，可以導出

$$E(\overline{y}) = \frac{1}{n} \sum_{i=1}^{N} E(I_i)Y_i$$

$$= \frac{1}{N} \sum_{i=1}^{N} Y_i = \overline{Y}.$$

這個證明了 $\overline{y}$ 確實為 $\overline{Y}$ 的不偏估計量。

二、$\overline{y}$ 的變異數

若吾人用 $\overline{y}$ 去估計 $\overline{Y}$，我們必須同時了解 $\overline{y}$ 的精確度。因此，我們必需知道 $\overline{y}$ 的變異數。了解變異數值可以幫忙我們決定樣本數以達到適當的估計精確度，同時也可以幫忙我們比較不同抽樣方法的優劣程度。對簡單隨機抽樣而言，

$$Var(\overline{y}) = E(\overline{y})^2 - \{E(\overline{y})\}^2$$

$$= \frac{1}{n^2} \{ \sum_{i=1}^{N} \sum_{j=1}^{N} E(I_i I_j) Y_i Y_j \} - \overline{Y}^2$$

$$= \frac{1}{n^2} \left\{ \sum_{i=1}^{N} \frac{n}{N} Y_i^2 + \sum_{\substack{i,j=1, \\ i \neq j}}^{N} \frac{n(n-1)}{N(N-1)} Y_i Y_j \right\} - \overline{Y}^2$$

$$= \frac{N-n}{nN(N-1)} \sum_{i=1}^{N} (Y_i - \overline{Y})^2.$$

係數 $\frac{N-n}{N} = 1 - f$，有時稱為有限母體更正係數（finite population correction factor），即為非抽樣比例。而 $\frac{1}{N-1} \sum_{i=1}^{N} (Y_i - \overline{Y})^2$，有時用 S^2 表示，有別於母體變異數 $\sigma^2 = \sum_{i=1}^{N} \frac{(Y_i - \overline{Y})^2}{N}$. 因此，我們可得

$$Var(\overline{y}) = \frac{(1-f)S^2}{n}.$$

結果顯示 $\overline{y}$ 的變異數隨樣本數的增加而減少。一般的調查中，我們通常都面對著相當大的有限母體，因此 N 相當大，n 相對的小，而致使 $1 - f \approx 1$，所以在此情況下

$$Var(\overline{y}) \approx \frac{S^2}{n}.$$

估計精確度和母體個數 N 並沒有直接的關係，而只和樣本數 n 有關而已。普通的說法是 $f \le 5\%$ 時，以上的結果可以相信。

三、$\overline{y}$ 變異數 *Var*($\overline{y}$) 的估計

由 $Var(\overline{y}) = \dfrac{(1-f)S^2}{n}$ 的公式來看，若我們想以變異數來計算 $\overline{y}$ 的估計值精確度的話，則必需知道 S^2 值。但 S^2 通常是未知的，也必需由樣本觀察值去估計。估計 S^2 的量，一般是用樣本變異數 $s^2 = \dfrac{1}{n-1} \sum\limits_{i=1}^{n} (y_i - \overline{y})^2$ 來估計。其原因甚為單純，主要是 s^2 也是 S^2 的不偏估計量；s^2 的理論平均值即為未知的 S^2。我們可以計算

$$
\begin{aligned}
(n-1)E(s^2) &= E\{\sum_{i=1}^{n} y_i^2\} - nE(\overline{y})^2 \\
&= \left\{ \frac{n}{N} \sum_{i=1}^{N} Y_i^2 \right\} - n\{Var(\overline{y}) + \overline{Y}^2\} \\
&= \frac{n}{N} \{\sum_{i=1}^{N} Y_i^2 - N\overline{Y}^2\} - \frac{N-n}{N(N-1)} \{\sum_{i=1}^{N} (Y_i - \overline{Y})^2\} \\
&= (n-1)S^2.
\end{aligned}
$$

如此得證：$E(s^2) = S^2$. 為此，我們一般計算 $\overline{y}$ 估計量的變異數值時，經常用 $\dfrac{(1-f)s^2}{n}$ 來估計。而 $\overline{y}$ 的標準差則用 $\sqrt{\dfrac{(1-f)s^2}{n}}$ 來估計。

四、估計母體總數 *y*

我們有時希望了解母體的總體；例如，全國勞動人口總數，等等。由於母體總數和平均數之間的關係為

$$Y = N\overline{Y}.$$

因此估計總數自然可用估計量 $N\overline{y}$. $N\overline{y}$ 是母體總數的不偏估計量，變異

數為 $N^2 Var(\overline{y})$，而變異數的估計量則為

$$\frac{N^2(1-f)s^2}{n}.$$

五、估計母體比例（**Proportion**）*P*

估計母體比例和母體平均數一樣，均為統計調查分析中重要的工作。例如，我們想估計贊成總統直選的比例，高齡人口的比例，等等。這些估計對政策決定而言，均為重要的資訊。

假設母體中有 A 個元素個體屬於 C 族群，則 C 族群於母體中的比例為 $\dfrac{A}{N} = P$，若於簡單隨機樣本中，我們發現有 a 個元素屬於 C 族群，則估計 P 的量通常以 $p = \dfrac{a}{n}$ 為之，由前面數節的結論我們可導出以下的結果：

1. p 為 P 的不偏估計量：$E(p) = P$.

2. p 的變異數為 $Var(p) = \dfrac{N-n}{N-1} \cdot \dfrac{P(1-P)}{n}$；而其不偏的估計量則為 $\dfrac{N-n}{N} \cdot \dfrac{p(1-p)}{n-1}$.

六、估計母體比值（**ratio**）

有時於研究母體時，母體有數個特徵值，而我們對其比值有興趣。例如，X 為臺北地區家庭每月使用在食品消費部分的總金額，Y 為臺北地區家庭每月花在消費部分的總金額，而比值 $\dfrac{X}{Y}$ 則為臺北地區家庭每月食品消費金額占全部消費金額的比值。估計比值 $R = \dfrac{X}{Y}$ 時，我們可以應用簡單隨機抽樣獲得隨機樣本 $\{(x_i, y_i), i = 1, \cdots, n\}$. x_i 為第 i 個樣本個體之食品消費金額（每月），y_i 為第 i 個樣本之月消費金額，而樣本比值 $r = \dfrac{\overline{y}}{\overline{x}}$ 即可用來估計母體比值。由於

$$
\begin{aligned}
cov(r, \overline{x}) &= E(r\overline{x}) - E(r)E(\overline{x}) \\
&= E(\overline{y}) - E(r)E(\overline{x}) \\
&= \overline{Y} - \overline{X}E(r).
\end{aligned}
$$

所以，我們可得

$$E(r) = \frac{\{\overline{Y} - cov(r, \overline{x})\}}{\overline{X}}$$

$$= R - \left\{\frac{cov(r, \overline{x})}{\overline{X}}\right\}.$$

由此看來，r 的理論期望值並不是 R. 其偏值（bias）為 $\frac{-cov(r, \overline{x})}{\overline{X}}$，但 $cov(r, \overline{x}) \approx$ 常數 $\cdot \frac{1}{n}$，因此假如樣本數 n 夠大的話，則其偏值可以被忽略。另外，由於

$$r - R = \frac{\{\overline{y} - R\overline{x}\}}{\overline{x}}.$$

而當樣本 n 值大時，$\overline{x} \approx \overline{X}$，因此可得

$$r - R \approx \frac{\{\overline{y} - R\overline{x}\}}{\overline{X}}.$$

由此，可得

$$Var(r) \approx E(r - R)^2$$

$$\approx \frac{E(\overline{y} - R\overline{x})^2}{\overline{X}^2}$$

$$\approx \frac{Var(\overline{y} - R\overline{x})}{\overline{X}^2}$$

$$\approx \frac{1}{\overline{X}^2}(1 - f) \cdot \frac{1}{n} \frac{\sum\limits_{i=1}^{N}(Y_i - RX_i)^2}{N - 1}$$

所以估計量 r 的變異數，我們通常於 n 較大時，用以下的估計量：

$$\frac{1}{\overline{X}^2} \cdot \frac{1 - f}{n} \cdot \frac{\sum\limits_{i=1}^{n}(y_i - rx_i)^2}{n - 1}.$$

樣本比值於應用上除了可以直接估計母體比值外，並且有時可以協助得到較精確的母體總數估計量。假設我們希望估計母體總數 Y，而另

一特徵總數 X 可經由過去普查或其他資料管道相當正確的獲得。則 rX 可以用來估計 Y. 一般說來，若二個特徵變數 x, y 之間的相關性質較高時，估計量 rX 會比 $N\overline{y}$ 精確。理論上，我們可以證明，若

$$\sum_{i=1}^{N}(Y_i - \overline{Y})(X_i - \overline{X}) \geq \left(\frac{Y}{2X}\right)\sum_{i=1}^{N}(X_i - \overline{X})^2,$$

則 $Var(rX) \leq Var(N\overline{y})$.

七、迴歸估計量

前小節我們已看到，若變數 x 與 y 之間的相關性質高的話，則我們可應用有關於總數 X 的資訊去得到較精確的 Y 的估計量。本小節的迴歸估計量也是另一種方法，應用 X 及樣本值去得到較精確的 $\overline{Y}$ 的估計量。

假設隨機抽樣取得樣本 $\{(x_i, y_i), i = 1, \cdots, n\}$. $\overline{Y}$ 是我們要估計的母體平均數。變數 x 的平均數 $\overline{X}$ 假設已知。則一般形式的迴歸估計量可寫成：

$$\overline{y}_R = \overline{y} + m(\overline{X} - \overline{x}).$$

其中 $\overline{y}$ 及 $\overline{x}$ 分別為樣本平均數。m 是我們應用相關資訊選定的常數。一些統計學家經常用的 m 值包括有：

1. $m = 0$, 此時 $\overline{y}_R = \overline{y}$, 即為一般的樣本平均數。

2. $m = \dfrac{\sum_{i=1}^{n}(x_i - \overline{x})(y_i - \overline{y})}{\sum_{i=1}^{n}(x_i - \overline{x})^2}$, 此時 $\overline{y}_R$ 稱為「最小平方迴歸估計量

（記成 $\overline{y}_R^{(1)}$）」，且 $E(\overline{y}_R^{(1)}) \approx \overline{Y}$, $Var(\overline{y}_R^{(1)}) \approx Var(\overline{y})(1 - \rho^2)$, 其中 ρ 為 X 及 Y 的相關係數。

3. $m = \dfrac{\overline{y}}{\overline{x}}$, 此時 $\overline{y}_R = (\dfrac{\overline{y}}{\overline{x}})\overline{X}$, 為比值估計量（記成 $\overline{y}_R^{(2)}$）, 且

$$E(\overline{y}_R^{(2)}) \approx \overline{Y}, \quad Var(\overline{y}_R^{(2)}) \approx 2Var(\overline{y})(1-\rho).$$

以上的結果可由 Hansen, Hurwitz 及 Madow（1953）得知。此結果告訴我們，若樣本 n 大的話，最小平方迴歸估計量永遠比一般樣本平均數 $\overline{y}$ 及比值估計量 $\overline{y}_R^{(2)}$ 精確。此外，若 $\rho > \dfrac{1}{2}$ 時，比值估計量也比樣本平均數較精確。

計算最小平方估計量及比值估計量時均需要有正確的 $\overline{X}$ 值。若 $\overline{X}$ 值不知道，但對 x 值的取樣成本不高時，我們可以另外選取較大的樣本去估計 $\overline{X}$ 值。此時雖然會使估計量稍爲不精確些，但一般說來，還是比樣本平均數 $\overline{y}$ 精確。

八、子母體特徵值的估計

通常母體可以劃分成數個子母體。例如，臺灣地區的所有具選舉權的人構成一個大母體，此大母體可以依年齡層劃分成數個子母體。估計子母體的特徵值和前面數節的方法大同小異，惟一般情況而言，子母體中的母體個數並不一定知道，因此前面的估計法要稍作調整。

假設母體可以劃分成 K 個子母體，其中第 j 個子母體的個數爲 N_j（可能未知）。另假設簡單隨機抽樣中的樣本有 n_j 個元素 $\{y_{j1}, y_{j2}, \cdots, y_{jn_j}\}$ 是屬於第 j 個子母體。定義 $Y_{(j)}, \overline{Y}_{(j)}$ 爲子母體的總數及平均數，$y_{(j)}$，$\overline{y}_{(j)}$ 爲屬於第 j 個子母體的樣本總數及平均數。以下結果是一些有用的性質：

1. $\overline{y}_{(j)}$ 是 $\overline{Y}_{(j)}$ 的不偏估計量。

2. 若 N_j 已知，則 $N_j \overline{y}_{(j)}$ 可用來估計 $Y_{(j)}$；估計量爲不偏的估計量。

3. 若 N_j 已知，則 $\overline{y}_{(j)}$ 的變異數 $Var(\overline{y}_{(j)})$ 可用 $(1-f_j) \cdot \dfrac{s_{(j)}^2}{n_j}$ 來估計。此估計量爲不偏的估計量，其中 $f_j = \dfrac{n_j}{N_j}$ 爲子母體的抽樣比例，

$$s_{(j)}^2 = \sum_{l=1}^{n_j} \frac{(y_{jl} - \overline{y}_{(j)})^2}{(n_j-1)}.$$

4.n_j 爲隨機變數，$E\left(\dfrac{n_j}{n}\right) = \dfrac{N_j}{N}$，因此若子母體總數 N_j 未知時，f_j 可用 $\dfrac{n}{N}$（抽樣比例）來替代估計。

5.N_j 未知，但 Y 已知時，可用比值估計 $\dfrac{y_{(j)}}{y} \cdot Y$ 來估計 $Y_{(j)}$，第 j 個子母體的總數。

6.若 N_j 及 Y 均未知時，$\dfrac{Ny_{(j)}}{n}$ 可用來估計 $Y_{(j)}$，其變異數

$$Var\left(N\dfrac{y_{(j)}}{n}\right) \text{ 可用} \left\{ \dfrac{N^2(1-f)}{n} \right\} \cdot \dfrac{1}{(n-1)} \left\{ \left[\sum_{l=1}^{n_j} \left(y_{jl} - \dfrac{n_j}{n}\overline{y}_{(j)} \right)^2 \right] + \right.$$

$$\left. (n-n_j)\left(\dfrac{y_{(j)}}{n} \right)^2 \right\} \text{ 來估計。變異數估計量爲不偏的估計量。}$$

以上，雖然我們僅討論子母體的總數及平均數的估計，但其他子母體特徵值，例如比值，也可以用前節的方式來估計。

九、應用時機及優缺點

簡單隨機抽樣使用之時機爲:

1.母體小。

2.有令人滿意之母體名冊。

3.單位訪問成本不受樣本單位地點遠近之影響。

4.母體名冊是有關母體資訊的唯一來源。

簡單隨機抽樣之限制與困難有下列幾項:

1.成本: 隨機樣本中之單位可能散布在調查區域各角落，要對他們進行觀察或訪問，在時間及金錢上所花費的成本通常較高。

2.母體名冊: 簡單隨機抽樣需要有周詳完備而且最新之母體名冊，這種名冊通常不容易得到。

3.管理問題: 因樣本單位散布較廣，對訪查人員的監督管理比較困難。

4.選樣工作: 簡單隨機抽樣之觀念簡單，但實地選樣工作並不如此簡單。要從一個龐大之母體中隨機選出少數的樣本單位，是一件繁雜而

且易錯誤之工作。

5.統計效率：倘若抽樣設計者對母體之某些特性已有初步的認識，可將抽樣的程序加以若干限制，以改進抽樣設計之統計效率。例如使用分層抽樣，或對特性較突出之單位群進行普查。但在簡單隨機抽樣下，抽樣設計者無法運用對母體之知識，適當地限制抽樣程序，以提高效率，也沒有辦法更有效地估計母體的子集合。

最後，我們以簡單隨機抽樣為例，說明抽樣的方法：

例：簡單隨機抽樣：某研究者想自全校 600 名大學一年級學生中抽取 40 名學生來測量體重，藉以估計該大學一年級學生的平均體重為多少。倘若要採用簡單抽樣的方法，則他該如何抽取這 40 名學生。

首先，這位研究者須設法找到一份這 600 位學生的名單，並根據這份名單所列的次序予以編號。譬如說，他可以把學生的學籍簿拿來，自第一位開始，每位編一個號碼，依次編為 001、002、003……、598、599、600，共得 600 個三位數的號碼；其中 001 代表第一位學生，600 代表第 600 位學生。其次，研究者可以自一般統計學書本內找到一份亂數表，並拿一鉛筆在亂數表上隨機點出一個記號作為起點，抄下此一記號以下的數字。假定他抄到的是 2,085、77、31、56、70、28、42、43、26、79、37、59、52、2,001、15、96、32、67、10、62、24、83、91、15、63……，他便可以每三個字為一組加以劃開，成為 208、577、315、670、284、243、267、937、595、220、011、596、326、710、622、483、911、563……。凡所得的號碼為名單上所有者，亦即在 001 至 600 以內者，都算被抽到了，例如 208、577、315、284、……等均是，否則便予以放棄，例如 970、937、622、911……便是。如果同一號碼出現兩次，則第二次時的號碼應予淘汰。換言之，每一個號碼只允許出現一次。如此，共取足 40 個號碼。凡名單上這些號碼所代表的學生，均須參加體重測量。所得的 40 個體重量數便是該研

究之樣本。

第三節　分層隨機抽樣
（stratified random sampling）

　　有時我們可以應用母體名冊中相關的資訊，將母體劃分成數個子母體，我們稱之為層（stratum）。分層隨機抽樣，即是在每一層分別應用隨機抽樣方法抽取部分子樣本，然後整合成一樣本。所謂分層就是要根據母體之某一或某些變數，將母體劃分成層。至於到底要以母體之那些變數作為分層之基礎，則有賴母體的相關（普查）資料及抽樣設計者之經驗及判斷。

　　使用分層抽樣的原因，通常包括：

　　1.抽樣工作的管理上可能較方便。例如，依行政區域來分層，由於層內自行依簡單隨機抽樣原理抽取樣本，不受層外干擾，因此管理及行政運作上較具獨立性及方便性。

　　2.不同層內調查設計的方式不一樣。例如，對退休的人採面對面訪問方式，其餘問卷用郵寄處理。對不同產業採用不同問卷內容，等等。

　　3.需要分別對子母體（層）的特徵值作較精確的估計。

　　4.和其他抽樣方法比較，分層隨機抽樣可能得到較精確的母體估計量。

　　分層隨機抽樣中強調每一層內的抽樣均採簡單隨機抽樣。但我們也可視實際情形，在每一層採用不同的機率抽樣方法。例如，有些層採用系統抽樣方法抽取子樣本，其餘層採用簡單隨機抽樣。本節主要是討論每一層均採用簡單隨機抽樣的情形。

　　假設我們有 L 個子母體層，第 h 層的元素個數為 N_h，而 $N = \sum_{h=1}^{L} N_h$ 為整個母體的總個數。通常 N_h 值為已知，而 $\omega_h = \frac{N_h}{N}$ 為第 h 層之層

比重。假設每一層內，我們應用簡單隨機抽樣選取 n_h 個樣本，則我們可用所得的樣本平均數 $\overline{y}_{(h)}$ 去估計第 h 層之層平均 $\overline{Y}_{(h)}$.

一、估計母體平均數

由層的定義可知，母體的總數可以表達為

$$Y = \sum_{h=1}^{L} N_h \overline{Y}_{(h)}.$$

因此，估計母體平均數 $\overline{Y} = \dfrac{Y}{N}$，我們可考慮使用不偏的估計量

$$\overline{y}_{strat} = \frac{1}{N} \sum_{h=1}^{L} N_h \overline{y}_{(h)} = \sum_{h=1}^{L} \omega_h \overline{y}_{(h)}.$$

此為層平均數的加權平均量，權數即為層比重。由於層內使用簡單隨機抽樣

$$E(\overline{y}_{(h)}) = \overline{Y}_{(h)}, \quad \text{且 } E(\overline{y}_{strat}) = \overline{Y}.$$

計算估計量 $\overline{y}_{strat}$ 的精確度可考慮其理論變異數

$$\begin{aligned} Var(\overline{y}_{strat}) &= \sum_{h=1}^{L} \omega_h^2 Var(\overline{y}_{(h)}) \\ &= \sum_{h=1}^{L} \omega_h^2 \left(1 - \frac{n_k}{N_k}\right) \cdot \frac{S_{(h)}^2}{n_k}. \end{aligned}$$

其中 $S_{(h)}^2 = \sum_{i=1}^{N_h} \dfrac{(Y_{hi} - \overline{Y}_{(h)}^2)^2}{(N_h - 1)}$，而 $Y_{hi}(i=1,\cdots,N_h)$ 為第 h 層內的子母體元素值。假設第 h 層取得的隨機樣本為 $\{y_{h1},\cdots,y_{hn_h}\}$，則 $S_{(h)}^2$ 的不偏估計量為

$$s_{(h)}^2 = \sum_{i=1}^{n_h} \frac{(y_{hi} - \overline{y}_{(h)})^2}{(n_h - 1)}.$$

因此，$\overline{y}_{strat}$ 的變異數不偏估計量為

$$\sum_{h=1}^{L} \frac{\omega_h^2 (1 - f_h) s_{(h)}^2}{n_h}.$$

$f_h = \dfrac{n_h}{N_h}$ 爲第 h 層的抽樣比例。一般說來，f_h 通常很小，因此變異數

的估計量亦可寫爲 $\displaystyle\sum_{h=1}^{L} \dfrac{\omega_h^2 s_{(h)}^2}{n_h}$.

　　估計母體總數，比例，比值的方法和第二節類似。我們僅需要在每

層內計算相對的樣本量，然後以層比重加權平均即可得，因此不再贅

述。

二、樣本配置

　　理論上，每一層要抽取多少個樣本，和抽樣費用及估計量的精確度

都有密切的關係。假設我們考量抽樣的成本爲：

$$成本 = c_0 + \sum_{h=1}^{L} c_h n_h.$$

其中 c_0 爲基本費用，c_h 爲抽取 h 層內每一個元素所需要的費用。則不

論是限制固定成本而使變異數 $Var(\bar{y}_{strat})$ 爲最小，或限制 $Var(\bar{y}_{strat})$ 的

上界而使成本爲最小，我們理論上均可得到最佳的層樣本數 n_h^* 應滿足

$$n_h^* \propto \frac{N_h S_{(h)}}{\sqrt{c_h}}$$

因此最佳的層樣本配置應該是層內元素個數越多或變異量 $S_{(h)}^2$ 越大，則

層樣本數越大。此外，層抽樣成本 c_h 越大，則層樣本數應該越小。若 n

爲全部樣本數，則 $n_h^* = nK_h$，其中 $K_h = \dfrac{N_h S_{(h)}}{\sqrt{c_h}} \bigg/ \displaystyle\sum_{h=1}^{L} \dfrac{N_h S_{(h)}}{\sqrt{c_h}}$. 現

若控制成本爲 c，則樣本數 n 的限制可由成本函數中求得滿足：

$$n \leq \frac{(c - c_0)}{\displaystyle\sum_{h=1}^{L} c_h K_h}.$$

另外，若控制 $\bar{y}_{strat}$ 的變異數最高爲 V，樣本數 n 應該滿足：

$$n \geq \frac{\sum_{h=1}^{L} \frac{N_h^2 S_{(h)}^2}{K_h}}{N^2 V + \sum_{h=1}^{L} N_h S_{(h)}^2}.$$

n 確定之後，n_h^* 值自然確定。但 n_h^* 值的計算有賴於層內變異數 $S_{(h)}^2$ 值的取得。通常，若資訊充分的話，$S_{(h)}^2$ 值大約可由前期普查取得或由前次調查分析中取得。否則，最佳的層樣本數配置沒有多大的實際應用價值。此外，同一統計調查內，我們會對數個母體特徵或性質有興趣並或希望估計。而對於不同的特徵值，理論上我們均可能得到不同的最佳樣本配置。因此，最後的樣本配置如何確定，實有賴我們適當的去平衡不同的要求。

一般情況下，最佳的樣本配置無法應用時，我們通常應用較方便的

等分配置：$n_h = \dfrac{n}{L}$，

或

比例配置：$n_h = \omega_h \cdot n.$

在比例配置的情形下，層抽樣比例 $\dfrac{n_h}{N_h}$ 即為整體樣本抽樣比例 $\dfrac{n}{N}$，且 $\bar{y}_{strat} = \bar{y}.$ 即，雖然分層抽取子樣本，但於計算母體平均數，總數，比例，等值時，我們可簡單的將子樣本組合成一個單一樣本，然後依照第二節內所述的方法去計算便可。

三、分層對估計效力的影響

很顯然的，比例配置的分層隨機抽樣是相當容易應用。我國政府單位很多的抽樣工作也都是應用比例配置分層抽樣。首先，一般都是以都市化程度將臺灣地區分成數層。然後依人口比例配置層樣本數。如此的分層抽樣，很自然的結果是，行政管理運用上很方便。此外，在樣本數相同的前提下，我們一般認為比例分層抽樣所得的加權樣本平均數較簡

單抽樣所得的樣本平均數（雖然對母體平均數而言都是不偏的估計量）在精確度上而言較大。事實上，當 N_h 大時，Cochran（1977）證明了

$$V_{opt} \leq V_{prop} \leq V_{ran}.$$

這裡 V_{opt} 及 V_{prop} 分別代表在最佳配置及比例配置的分層抽樣下所得平均數估計量的變異數。V_{ran} 代表樣本平均數在簡單隨機抽樣下的變異數。

　　一般說來，若是層間元素差異性大而層內元素差異性較小時，分層抽樣所得結果較佳。即，我們希望分層的結果是層內較「均勻」（homogeneous）。但事實上，由於我們並不清楚母體資料，因此並無法確定分層的結果是否真的使層內元素變異性較小。此外，統計調查通常是針對多數母體特徵值做研究，分層的結果也很難使每一個變數在層內都相當的均勻。實務上，通常以行政區域，產業類別或營業額大小等「自然」變數做分層的基礎。主要原因是，容易處理。有時候，我們也用二個變數來做分層的基礎。例如，用營業額大小，及營業類別來分層。此時我們希望這些變數的相關性要小。這樣，分層的效果會較高。另外，層數也不宜太多，通常可以接受的是 3 到 10 層。太多層的話，調查成本會急速增加。Cochran（1977）在相當強的假設下，說明超過 6 個層的抽樣並沒有多大好處。

四、事後分層

　　我們在前面討論的分層抽樣是事先分層好，然後在每個分好的層內分別抽樣。事後分層是在抽取到樣本之後，再依樣本的資料（例如，樣本中的基本資料：年齡、性別等）將樣本分層。假設首先抽取到 n 個隨機樣本，而將樣本資料分層後在第 h 層內得到 n_h 個樣本。此時層樣本數 n_h 是隨機變數，且 $(n_1, \cdots, n_L)$ 滿足多項式分配。這個結果和事前分層然後抽樣不相同，在後者情況下，n_h 是固定數不是隨機數。

假設 $\overline{y}_{(h)}$ 爲事後分層的第 h 層樣本平均數，則估計量

$$\overline{y}_{strat} = \sum_{h=1}^{L} \frac{N_h}{N} \overline{y}_{(h)}.$$

和樣本平均數

$$\overline{y} = \sum_{i=1}^{n} \frac{y_i}{n} = \sum_{h=1}^{L} \frac{n_h}{n} \overline{y}_{(h)}.$$

均是 $\overline{Y}$ 的不偏估計量。前者是以子母體的層比重 ω_h 對 $\overline{y}_{(h)}$ 做加權平均，後者則是以層樣本比重 $\frac{n_h}{n}$ 對 $\overline{y}_{(h)}$ 做加權平均。因此，當樣本不平衡時（即有些層的樣本數太多或太少，和母體不成比例），$\overline{y}_{strat}$ 估計量有調整平衡層樣本的功能。此外，一般的結論是，事後分層所得的估計量 $\overline{y}_{strat}$ 和比例配置分層抽樣所得的估計結果比較，發現差異不大（Holt & Smith, 1979）。

第四節　群集抽樣（cluster sampling）

我國民意測驗調查統計工作相當的普遍。一般的作法是以家庭訪問或電話訪問爲主。在這些抽樣工作上有個共同的現象是，抽樣的母體單位是以家庭爲單位而不是以個人爲單位。這是沒有辦法的，因爲以個人爲單位的母體名冊並不容易獲得，也不一定有。在此情況下，被抽樣設計抽取到的家庭，其內成員屬於母體者，依設計不同而有全面普查者或再抽樣進行調查者。前者是屬於第一階段的群集抽樣，後者是屬於第二階段的群集抽樣（因有二階段的抽樣設計）。

因此，一般群集抽樣的觀念是首先將母體分群，將群視爲母體的抽樣單位進行抽樣工作。若樣本群內的所有元素均進行調查，則稱爲一階段的群集抽樣。若每個樣本群分別於其群內再抽取元素調查，則稱爲二階段的群集抽樣。理念上，我們可以這種觀念擴展到三階段或多階段式

的群集抽樣。但通常於應用上，最常見的是二階段的群集抽樣。以我國政府的很多調查爲例，通常首先進行分層抽樣，然後於層內再進行二階段的群集抽樣。譬如，首先以都市化程度將臺灣地區分層。然後於每一個都市層內以村里爲群進行第一階段簡單隨機抽樣，抽取樣本村里。最後，再於樣本村里內分別進行第二階段的簡單隨機抽樣，抽取樣本戶，進行以戶爲單位的調查。

　　群集抽樣的使用原因除了因爲可用母體底冊的限制不得不如此之外，另外也有成本的考量。原因是，群集內的元素個體在地理位置上而言大部分都較靠近。因此，行政或訪問的費用通常成本較低。但是，群集抽樣的好處有時也是壞處。因爲群體內的元素值通常都較類似，觀察一群集內的多數資料和觀察少數個元素的資料有時沒有二樣，因此估計量的精確度通常較低，這是壞處。

　　雖然在某一程度上，我們也可以將分層抽樣視爲群集抽樣的一部分，但其實二者差異之處甚大。前者，母體是依某些變數值來分層，並體認分層的結果將造成層間差異大，層內差異小。而後者是，群集的架構是由母體的底冊的結構自然產生的。通常是，群數甚多，而群內元素較少。二種抽樣的比較如表 4–1。

表 4–1　分層抽樣及群集抽樣比較

分　　層　　抽　　樣	群　　集　　抽　　樣
1.層數較少，層內單位較多。 2.所有層中至少都有一單位被選入樣本中。 3.分層抽樣只在每層中，選部分單位作爲樣本。 4.分層抽樣之目的在減少抽樣誤差，提高樣本估計值之可靠度。	1.群數較多，群內單位較少。 2.只有部分群集被選爲樣本。 3.群集抽樣則在被抽選之群集中進行普查或進行再次抽樣。 4.群集抽樣之目的在減低抽樣成本或配合母體底冊。

　　以下我們首先討論一階段的群集抽樣。我們假設母體組成 N 個群

集，第 i 個群集中有 M_i 個母體元素，因此母體中元素個數總和為 $M^* = \sum_{i=1}^{N} M_i$. 假設 Y_{ij} 為在第 i 個群集的第 j 個元素值，則第 i 群集總數為 $Y_i = \sum_{j=1}^{M_i} Y_{ij}$，而其平均數 $\overline{Y}_i = \dfrac{Y_i}{M_i}$. 母體總數則為 $Y = \sum_{i=1}^{N} Y_i$.

一、一階段群集抽樣

本節假設應用簡單隨機抽樣原理抽取第一階段中的群集 n 個。因為是一階段的群集抽樣，因此樣本群中的所有元素均可觀察到。假設 y_i 為第 i 個樣本群集的總數。則簡單隨機抽樣原理告訴我們

$$\hat{Y} = N\overline{y},$$

是母體總數 Y 的不偏估計量。一般的情況顯示，若是群集內的元素個數 M_i 差異不大的話，則 Y_i 值通常較均勻，變化不大。而依理論看，若是母體的群體總數 Y_i 相當均勻的話，則 $\hat{Y}$ 的估計可靠性就較高。

另一個母體總數的估計量是應用比值估計量

$$\hat{Y}_R = \frac{M^* \sum_{i=1}^{n} y_i}{\sum_{i=1}^{n} M_i^*},$$

M_i^* 是被抽取到的第 i 個群集中的元素總個數。不論是 $\hat{Y}$ 或 $\hat{Y}_R$，其變異數及其估計均可於第二小節中找出公式。通常我們可以證明 $\hat{Y}_R$ 的變異數比 $\hat{Y}$ 小。特別是，當 $\overline{Y}_i$ 值較均勻，差異不大時，$\hat{Y}_R$ 的變異數會更小。

二、非均勻機率抽樣

我們於第一階段群集抽樣並不一定應用均勻機率的簡單隨機抽樣。我們有時會設計抽樣使每次抽取樣本群集時，第 i 個群集被選取到的機率均為 $P_i(i = 1, \cdots, N)$，且 $\sum_{i=1}^{N} P_i = 1$（此種抽樣設計為置回式的隨機抽樣。當 N 大且 f 小時，置回式抽樣和不置回式抽樣類似）. 依機率原

理，可得估計量

$$\hat{Y}_p = n^{-1} \sum_{j=1}^{n} \left(\frac{y_j}{P_j^*} \right),$$

是母體總數 Y 的不偏估計量; P_j^* 為樣本中第 j 個群集所對應的機率權數。 $\hat{Y}_p$ 的變異數不偏估計量為

$$\frac{1}{n(n-1)} \sum_{j=1}^{n} \left(\frac{y_j}{P_j^*} - \hat{Y}_p \right)^2.$$

應用非均勻機率抽樣時，我們經常使用比例抽樣; 即取 $P_i = \dfrac{M_i}{M^*}$, 也就是依群集內元素個數占母體的比例抽取樣本。此時

$$\hat{Y}_p = M^* \sum_{j=1}^{n} \frac{\overline{y}_j}{n},$$

其中 $\overline{y}_j = \dfrac{y_j}{M_j^*}$, 且其變異數的估計量可以簡化成

$$\frac{1}{n(n-1)} \sum_{i=1}^{n} \left\{ M^* \left(\overline{y}_i - \frac{1}{n} \sum_{j=1}^{n} \overline{y}_j \right) \right\}^2.$$

三、多階段群集抽樣（又稱多段抽樣，subsampling）

本小節僅討論二階段群集抽樣。假設我們已依簡單抽樣原理抽取 n 個群集。然後，於第二階段抽樣，我們在第 j 個抽取到的群集中，再運行簡單隨機抽樣取得 m_j 個樣本，其樣本平均數為 $\overline{y}_j$. 因此，總樣本數為 $\sum\limits_{j=1}^{n} m_j$.

母體總數 Y 的不偏估計量為 $\hat{Y}_u = \left(\dfrac{N}{n} \right) \sum\limits_{j=1}^{n} M_j^* \overline{y}_j$, 而其變異數為

$$Var(\hat{Y}_u) = \frac{N^2}{n} (1-f_1) \frac{\sum\limits_{i=1}^{N} (Y_i - \overline{Y})^2}{N-1} + \frac{N}{n} \sum_{i=1}^{N} \frac{M_i^2 (1-f_{2i}) S_{2i}^2}{m_i},$$

其中 $f_1 = \dfrac{n}{N}$，$f_{2i} = \dfrac{m_i}{M_i}$，$\overline{Y} = \dfrac{Y}{N}$ 且 $S_{2i}^2 = \dfrac{1}{M_i - 1} \sum\limits_{j=1}^{Mi} (Y_{ij} - \overline{Y}_i)^2$. 因此變異數的不偏估計量為

$$\widehat{Var}(\hat{Y}_u) = \frac{N^2}{n}(1 - f_1) \sum_{j=1}^{n} \frac{\left(M_j^* \overline{y}_j - \dfrac{\hat{Y}_u}{N} \right)^2}{n - 1} + \frac{N}{n} \sum_{j=1}^{n} \frac{M_j^{*2}(1 - f_{2j})S_{2j}^2}{m_j},$$

其中 $S_{2j}^2 = \sum\limits_{k=1}^{m_j} \dfrac{(y_{jk} - \overline{y}_j)^2}{(m_j - 1)}$.

接著，我們討論第四節中二的情形，以非均勻機率抽樣設計，抽取第一階段的群集。假設 $P_i = \dfrac{M_i}{M^*}$，依置回式比例抽樣抽取群集，但第二階段抽樣設計仍依簡單隨機抽樣原理操作。則

$$\hat{Y}_p = \frac{1}{n} \sum_{j=1}^{n} \frac{M_j^* \overline{y}_j}{P_j^*}.$$

為母體總數的不偏估計量。其變異數的不偏估計量依 Cochran（1977）可得為

$$\widehat{Var}(\hat{Y}_p) = \frac{1}{n(n - 1)} \sum_{j=1}^{n} \left(\frac{M_j^* \overline{y}_j}{P_j^*} - \hat{Y}_p \right)^2.$$

這些估計都相當容易計算。Cochran（1977）也討論到以非置回式的比例抽樣設計抽取第一階段的群集。其相關估計量的計算及精確度的估計稍為複雜。

第五節　系統抽樣（systematic sampling）

對一般非抽樣理論專家而言，系統抽樣是一種較為熟悉，且容易執行的抽樣方法。做法是將母體元素由 1 到 N 排列，假設 $N = nk$，然後

於 1 及 k 之間隨機取一數 r. 系統抽樣方法的主張是有系統的抽取第 $r, r+k, r+2k, \cdots, r+(n-1)k$ 個元素組合成樣本。因此，樣本中的第 $(i+1)$ 個元素值爲 $y_{i+1} = Y_{r+ik}$.

系統抽樣是一階段群集抽樣的一個特例。我們可以想像將母體分成 k 個群集。第 i 個群集包括母體中的元素 $Y_i, Y_{i+k}, \cdots, Y_{i+(n-1)k}$. 由這 k 個群集中簡單隨機抽取一個群集所得的結果即是系統抽樣的結果。

系統抽樣也可以大約視爲分層抽樣的一種結果。想像將母體分成 n 層；第一層包括元素 $\{Y_1, \cdots, Y_k\}$，第二層包括元素 $\{Y_{k+1}, \cdots, Y_{2k}\}, \cdots,$ 第 n 層包括元素 $\{Y_{(n-1)k+1}, \cdots, Y_{nk}\}$. 系統抽樣是於每一層的共同位置（例如爲第 r 位置）抽取元素組合而成的。因此，我們認爲這個結果和每一層內隨機抽取一個元素的分層抽樣結果類似。不一樣之處是，分層抽樣方法於每一層內抽取元素的位置因隨機而不同，但系統抽樣抽取元素的位置均相同（見下圖）。直覺上，我們有時會認爲系統抽樣的結果所得的平均數估計量會比簡單隨機抽樣所得者較精準。特別是，有些田野抽樣例子中，層內元素間差異比層間元素差異小，此時系統抽樣結果所得的樣本比簡單隨機抽樣所得者較具代表性，因此估計結果自然也較準。有關污染研究的取樣，通常都用系統抽樣而不用簡單隨機抽樣，即基於此原因。

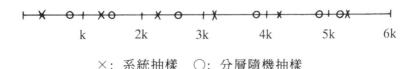

$\times$：系統抽樣　　$\bigcirc$：分層隨機抽樣

系統抽樣方法於操作上來說相當方便。我們國內很多用電話簿爲底冊的抽樣研究都是應用系統抽樣原理。主要即是方便應用的考量。

一、母體平均數的估計及精確度計算

由群集抽樣的觀點來考量，假設第 j 個系統集合（群集）爲 $\{Y_j, Y_{j+k},$

$\cdots, Y_{j+(n-1)k}\}$，總數為 $Y_{(j)}$，平均數為 $\overline{Y}_{(j)}$，而母體總數為 $Y = \sum_{j=1}^{k} Y_{(j)}$. 因此，當 $N = nk$ 時，系統抽樣所得的樣本平均數 $\overline{y}$ 為母體平均數 $\overline{Y} = \dfrac{Y}{N}$ 的不偏估計量。當 $N \neq nk$ 時，$\overline{y}$ 雖不為母體平均數的不偏估計量，但其偏差不可能太顯著。$\overline{y}$ 的變異數為

$$Var(\overline{y}) = \frac{N-1}{N} S^2 - \frac{k(n-1)}{N} S_*^2,$$

其中 $S_*^2 = \dfrac{1}{k(n-1)} \sum_{i=1}^{k} \sum_{j=0}^{n-1} (Y_{i+jk} - \overline{Y}_{(i)})^2$，為系統樣本內變異量（"within systematic samples" variance）的平均。理論上可以證明，系統抽樣的樣本平均數比簡單隨機抽樣的平均數較精確，若且唯若，

$$S_*^2 > S^2$$

系統抽樣雖然方便應用，但也有一個相當大的缺點。即應用一個系統樣本，我們無法估計變異數 $Var(\overline{y})$. 解決之道除了取二個以上系統樣本外，另一種方法是假設母體元素是「隨機」編排。後者的結果可使系統抽樣的樣本被視為簡單隨機抽樣的樣本。因此，若抽到第 j 個系統樣本 $\{y_{ij}, i = 1, \cdots, n\}$，我們得 $\overline{y} = \overline{y}_{(j)} = \dfrac{1}{n} \sum_{i=1}^{n} y_{ij}$，並可用

$$\frac{1}{n(n-1)} (1-f) \sum_{i=1}^{n} (y_{ij} - \overline{y}_{(j)})^2.$$

來估計 $Var(\overline{y}_{(j)})$.

二、$N \neq nk$ 時

有時母體的總個數 N 無法被樣本數 n 整除時，我們發現 k 個樣本系統中的元素個數無法全為 n. 假設 N 與 n 的關係為 $N = nk + r$，$0 < r < k$ 且 r 為整數。則我們可以系統的分別取 $(n+1)$ 個元素置於前面 r 個系統集合，另取 n 個元素置於後面的 $k-r$ 個系統集合。若系統抽樣抽取到第 j 個系統樣本，則依隨機抽樣理論，可得證

$$\frac{\overline{y}}{N/k}$$

為 $\overline{Y}$ 的不偏估計量。此估計量和樣本平均數稍有不同，做法是將樣本數 n 調整為 $\frac{N}{k}$.

三、分層系統抽樣

　　有時，抽樣的設計是將母體依適當原則分層。然後於每個層內進行系統抽樣。顯然的，當層內系統抽樣比層內簡單隨機抽樣有效時，分層系統抽樣比分層簡單隨機抽樣好。當層數多時，Cochran（1977）的書中有討論估計母體平均數及計算估計量精確度的問題。

習　題

1.在簡單隨機抽樣（不置回）設計中，假設母體元素爲 $\{Y_1, \cdots, Y_N\}$. 定義 Y_i 被選入樣本的指示變數（indicator variable）爲

$$I_i = \begin{cases} 1 & \text{若} Y_i \text{ 被選入樣本,} \\ 0 & \text{若} Y_i \text{ 不被選入樣本。} \end{cases}$$

試證:

(1) $E(I_i) = \dfrac{n}{N}$,

(2) $E(I_i I_j) = \dfrac{n(n-1)}{N(N-1)}$, $i \neq j$.

2.假設母體中有 N 個元素，其中 A 個元素屬於 C 族群，則 C 族群占母體的比例爲 $P = \dfrac{A}{N}$. 設簡單隨機抽樣（不置回）得到 n 個樣本，其中有 a 個元素屬於 C 族群，則 $p = \dfrac{a}{n}$ 可以用來估計 P 值，試證:

(1) p 爲 P 的不偏估計量。

(2) p 的變異數爲 $Var(p) = \dfrac{N-n}{N-1} \cdot \dfrac{P(1-P)}{n}$，且其不偏估計量爲

$$\widehat{Var}(p) = \frac{N-n}{N} \cdot \frac{p(1-p)}{n-1}.$$

3. $\dfrac{1}{n} \sum_{i=1}^{n} \left(\dfrac{y_i}{x_i} \right)$ 是否可以用來估計母體比值 $R = \dfrac{Y}{X}$? 爲什麼?

4. $r = \dfrac{\overline{y}}{\overline{x}}$ 爲母體比值 $R = \dfrac{\overline{Y}}{\overline{X}}$ 的估計量；若

$$\sum_{i=1}^{N} (Y_i - \overline{Y})(X_i - \overline{X}) \geq \left(\frac{Y}{2X} \right) \sum_{i=1}^{N} (X_i - \overline{X})^2,$$

試證 $Var(rX) \leq Var(N\overline{y})$.

5.將母體劃分成 k 個子母體，設其中第 j 個子母體的個數爲 N_j， $Y_{(j)}$ 及 $\overline{Y}_{(j)}$ 爲子母體總數及平均數。今有簡單隨機抽樣（不置回）抽取 n 個樣本，其中 n_j 個元素 $\{y_{j1}, y_{j2}, \cdots, y_{jn_j}\}$ 是屬於第 j 個子母體， $y_{(j)}$ 及 $\overline{y}_{(j)}$ 爲子母體的

樣本總數及平均數。試證:

(1) $\overline{y}_{(j)}$ 是 $\overline{Y}_{(j)}$ 的不偏估計量。

(2) 若 N_j 已知，則 $N_j \overline{y}_{(j)}$ 為 $Y_{(j)}$ 的不偏估計量。

(3) 若 N_j 已知，則 $Var(\overline{y}_{(j)})$ 的不偏估計量為 $(1-f_j)\dfrac{s^2_{(j)}}{n_j}$，其中 $f_j = \dfrac{n_j}{N_j}$

為子母體的抽樣比例，$s^2_{(j)} = \sum\limits_{l=1}^{n_j} \dfrac{(y_{jl}-\overline{y}_{(j)})^2}{(n_j-1)}$。

(4) n_j 為隨機變數，$E\left(\dfrac{n_j}{n}\right) = \dfrac{N_j}{N}$（因此，若子母體總數 N_j 未知時，f_j

可用抽樣比例 $\dfrac{n}{N}$ 來估算）。

(5) N_j 未知，但母體總數 Y 已知時，可用估計量 $\dfrac{y_{(j)}}{y}Y$ 來估計 $Y_{(j)}$，為什

麼?

(6) 若 N_j 未知時，$\dfrac{Ny_{(j)}}{n}$ 可用來估計 $Y_{(j)}$，其變異數 $Var\left(N\dfrac{y_{(j)}}{n}\right)$ 可用

$$\dfrac{N^2(1-f)}{n(n-1)} \cdot \left\{ \left[\sum_{l=1}^{n_j}\left(y_{jl} - \dfrac{n_j}{n}\overline{y}_{(j)}\right)^2\right] + (n-n_j)\left(\dfrac{y_{(j)}}{n}\right)^2 \right\}$$ 來估計，變異

數估計量為不偏估計量。

6. 簡單隨機抽樣設計的應用時機為何? 設計的優缺點為何?

7. 何謂分層隨機抽樣? 何謂群集抽樣? 試比較其差異。

8. 試證明: 在分層隨機抽樣中，最佳樣本數 n_h^* 應滿足

$$n_h^* \propto \dfrac{N_h S_h}{\sqrt{c_h}}.$$

9. 假設 V_{opt} 及 V_{prop} 分別代表在最佳配置及比例配置的分層抽樣下所得平均數

估計量的變異數值，而 V_{ran} 代表樣本平均數在簡單隨機抽樣下的變異數。

試證:

$$V_{opt} \le V_{prop} \le V_{ran}.$$

10. 什麼是分層二階段的群集抽樣? 好處、壞處各為如何? 有什麼現成的例子使

用此抽樣設計?

11.考慮一階段的群集抽樣設計中母體有 N 個群集。第 i 個群集有 M_i 個元素，群集總數爲 Y_i，因此母體總數爲 $Y = \sum_{i=1}^{N} Y_i$. 假設樣本有 n 個群集，第 j 個樣本群集總數爲 y_i，群集內之元素個數爲 m_j，則可用 $\hat{Y} = N\overline{y} = N \sum_{i=1}^{n} \frac{y_i}{n}$ 或比值估計量 $\hat{Y}_R = M_0 \cdot \dfrac{\sum_{j=1}^{n} y_j}{\sum_{j=1}^{n} m_j}$，$M_0 = \sum_{i=1}^{N} M_i$，來估計 Y. 試證

明：$Var(\hat{Y}_R) \leq Var(\hat{Y})$. 並說明當 $\overline{Y}_i \left(= \dfrac{Y_i}{M_i} \right)$ 值較均勻，差異不大時，$\hat{Y}_R$ 的變異數會更小。

12.考慮一階段的群集抽樣設計，採置回方式隨機抽取 n 個群集。假設每次抽取群集時，第 i 個群被抽取的機率爲 P_i，且 $\sum_{i=1}^{N} P_i = 1$，試證明：

(1)$\hat{Y}_p = \dfrac{1}{n} \sum_{j=1}^{n} \dfrac{y_j}{P_j^*}$ 是母體總數 Y 的不偏估計量；其中 P_j^* 是第 j 個樣本群集所對應的機率權數。

(2)$Var(\hat{Y}_p) = \dfrac{1}{N} \sum_{j=1}^{N} P_j \left(\dfrac{Y_j}{P_j} - Y \right)^2$.

(3)$\dfrac{1}{n(n-1)} \sum_{j=1}^{n} \left(\dfrac{y_j}{P_j^*} - \hat{Y}_p \right)^2$ 爲 $Var(\hat{Y}_p)$ 的不偏估計量。

13.在有 N 個群集的母體中考慮二階段群集抽樣設計，抽取 n 個群集，並在第 j 個樣本群集中抽取 m_j 個樣本元素。設第 j 個樣本群集的樣本平均數爲 $\overline{y}_j$，則 $\hat{Y}_u = \dfrac{N}{n} \sum_{j=1}^{n} M_j^* \overline{y}_j$ 爲母體總數 Y 的不偏估計量。試證：

(1)$Var(\hat{Y}_u) = \dfrac{N^2}{n}(1-f_1) \dfrac{\sum_{i=1}^{N} (Y_i - \overline{Y})^2}{N-1} + \dfrac{N}{n} \sum_{i=1}^{N} \dfrac{M_i^2 (1-f_{2i}) S_{2i}^2}{m_i}$,

其中 $f_1 = \dfrac{n}{N}$，$f_{2i} = \dfrac{m_i}{M_i}$，$\overline{Y} = \dfrac{Y}{N}$，$S_{2i}^2 = \dfrac{1}{M_i - 1} \sum_{j=1}^{M_i} (Y_{ij} - \overline{Y}_i)^2$.

(2)$\widehat{Var}(\hat{Y}_u) = \dfrac{N^2}{n}(1-f_1) \sum_{j=1}^{n} \dfrac{(M_j^* \overline{y}_j - \frac{\hat{Y}_u}{N})^2}{n-1} + \dfrac{N}{n} \sum_{j=1}^{n} \dfrac{M_j^{*2}(1-f_{2j}) S_{2j}^2}{m_j}$,

其中 $S_{2j}^2 = \dfrac{1}{m_j - 1} \sum_{k=1}^{m_j} (y_{jk} - \overline{y}_j)^2$，爲 $Var(\hat{Y}_u)$ 的不偏估計量。

14.考慮二階段的群集抽樣，第一階段以機率 $P_i = \dfrac{M_i}{M_0}$ 進行非均勻機率抽樣抽

取 n 個群集。第二階段仍依簡單隨機抽樣（不置回）原理操作。試證明：

(1) $\hat{Y}_p = \dfrac{1}{n} \displaystyle\sum_{j=1}^{n} \dfrac{M_j \overline{y}_j}{P_j^*}$ 為母體總數 Y 的不偏估計量，其中 P_j^* 為樣本中，第

j 個群集所對應的機率權數。

(2) $\widehat{Var}(\hat{Y}_p) = \dfrac{1}{n(n-1)} \displaystyle\sum_{j=1}^{n} \left(\dfrac{M_j \overline{y}_j}{P_j^*} - \hat{Y}_p \right)^2$ 為 $Var(\hat{Y}_p)$ 的不偏估計量。

15.何謂系統抽樣設計？它與分層抽樣設計有何異同之處？

16.設系統抽樣設計下的樣本平均數為 $\overline{y}$，試證 $Var(\overline{y}) = \dfrac{N-1}{N} S^2 - \dfrac{k(n-1)}{N} S_*^2$，

其中 S^2 為母體變異數，$S_*^2 = \dfrac{1}{k(n-1)} \displaystyle\sum_{i=1}^{k} \sum_{j=0}^{n-1} (Y_{i+jk} - \overline{Y}_{(i)})^2$，$N = nk$，另

證，在樣本數相同之下，系統抽樣下的樣本平均數比簡單隨機抽樣（不置

回）下的樣本平均數較精確，若且唯若

$$S_*^2 > S^2.$$

17.當母體總個數 N 無法被樣本數 n 整除時，設 $N = nk + r$，$0 < r < k$，且 r

為整數。若系統抽樣取得第 j 個樣本，則證明 $\dfrac{y_{(j)}}{N/k}$ 為 $\overline{Y}$ 的不偏估計量。

第五章 非機率抽樣、抽樣方法之比較及抽樣工具

非機率抽樣即指統計調查時取得的樣本並不是依照機率模型的設計去抽取所得的。和機率抽樣相比較，非機率抽樣雖然方法方便，較易使用，但基本上有兩個重要缺失：⑴抽取的樣本或許有偏差，不具代表性；⑵無法由樣本去計算抽樣誤差。

第一節 主要四種非機率抽樣

一、便利抽樣（convenience sampling）

係純粹以方便為基本著眼的抽樣方法，樣本之選擇只考慮到容易得到樣本或容易觀察為主；訪問過路的行人便是其中一例。便利抽樣通常應用於試查的情形，正式的調查時，則很少用。

二、配額抽樣（quota sampling）

配額抽樣可以說是非機率抽樣方法中最流行的一種抽樣方法。基本上，配額抽樣和分層抽樣類似。不同者是，層內抽樣時並非採用機率抽樣的設計。配額抽樣的方法包括下列幾個步驟：

1.選擇「控制特徵」（control characteristics），例如：性別、年齡、地區等，將母體細分成幾個子母體。

2.決定子母體的樣本大小（通常依照子母體占母體的比例分配）。

3.隨意選取樣本但須滿足2中所規定的條件。

例如，配額抽樣以隨意選取樣本方式取樣，但滿足下列表中條件。

表 5-1　子母體樣本數

年齡	性別	
	男	女
18 ～ 44	15	15
45 ～ 64	30	25
65 以上	25	30

配額抽樣在市場研究中經常被使用。訪查員有極大的自由去選擇子母體中的樣本個體。只要完成配額，即可交差。因此常因調查者的偏好及方便，使得樣本喪失代表性而降低調查的估計準度。配額抽樣方法並不需要多少的事前準備工作，即可快速的進行取樣；同時，受訪人若拒答時，可隨意再另找人遞補，不會影響抽樣設計。因此，若需要快速得到調查結果的話，配額抽樣方法相當可用。此外，若母體根本沒有底冊時，配額抽樣也可進行。

三、判斷抽樣（judgement sampling）

此法係根據抽樣設計者之判斷來選擇樣本及個體，設計者必須對母體的有關特徵具有相當的了解。例如，在編製物價指數時，有關產品項目的選擇及樣本地區之決定等，常採用判斷（立意）抽樣。

判斷抽樣通常適用於母體之構成個體極不相同而樣本數又很小的情況。

四、雪球抽樣（snowball sampling）

這是利用隨機方法或社會調查選出起始受查者，然後從起始受查者提供之資訊去取得其他受查者。雪球抽樣目的主要是為估計在母體中很難尋找或十分稀少的幾種特性，如單親家庭、特殊疾病、特殊生活習慣等。

第二節　抽樣方法之比較及選擇

一、估計值之信賴度

只有採用機率抽樣才能求得不偏之估計值，算出估計值之抽樣誤差，並可估計參數之信賴區間。

二、統計效率之評估

在採用機率抽樣時，才能評估各種不同抽樣設計之統計效率。一般沒有較客觀的方法可用來比較各種非機率抽樣設計之相對效率。

三、母體資訊

機率抽樣所需有關母體之資訊通常較多，基本上要知道：

1.母體中基本單位之總數。

2.有一個認明每一母體單位的底冊。

3.母體分層的相關資訊。

四、經驗和技巧

機率抽樣之設計和執行通常需要較高度專業化之技巧和經驗。非機率抽樣之設計和執行都比較簡單，不需要有很多之經驗和技巧。但如由高度專業之人員主持時，非機率抽樣亦可得到較有用的資訊。

五、時間

機率抽樣在實地抽樣時較費時間。

六、成本

假如樣本大小相同時，一個機率樣本之成本通常比一個非機率樣本大得多。

抽樣方法之決定，基本上要針對研究目的及實際情況做通盤之考慮，下列四項原則亦可於方法決定時作為參考：

1.如果一定要獲得不偏之估計值，則應採用機率抽樣，如果只要概

略之估計值，則可採用非機率抽樣。

　　2.如果希望以客觀的方法評估樣本設計之精密程度，則應利用機率抽樣；否則，可考慮採用非機率抽樣。

　　3.如預期抽樣誤差是研究誤差之主要來源，宜採用機率抽樣；如預期非抽樣誤差是研究誤差的主要來源，則可考慮非機率抽樣。

　　4.如抽樣調查之可用資源極為有限，則可考慮採用非機率抽樣。

　　表5-2綜合以上，對各種抽樣方法作一優劣比較：

表5-2　各種抽樣方法之優劣比較

抽樣方法	優點	缺點
1.簡單隨機抽樣法	(1)母體名冊完整時，直接由母體中隨機抽出樣本，方法簡單 (2)由於抽出機率均等，較易推定母體總值及抽樣誤差	(1)通常推算結果之精確度，較分層抽樣法為低 (2)由於抽出樣本較為分散，所需調查人力費用較大
2.分層抽樣法	(1)當層間差異愈大，層內差異愈小，則抽出樣本的統計量精確度愈高 (2)適當分層抽樣推定之誤差，恆較簡單抽樣為低	分層後之樣本資料，其整理推算工作，通常較簡單抽樣為繁
3.一階段群集抽樣法	(1)當群集間差異愈小，群集內差異愈大，則抽出樣本統計量精確度愈高 (2)群集內樣本較為集中，調查員行動半徑不大，可節省調查人力及費用	(1)通常在群集內各元素無甚差異時（如農業專業區、加工區、住宅區等），調查結果誤差必大 (2)各群集內含個體數多寡不同時，亦使誤差加大
4.多階段群集抽樣法（分段抽樣法）	(1)分段抽樣為一階段群集抽樣與分層抽樣之折衷辦法，有兼取兩者之優點 (2)配合行政區域抽樣，抽出手續與調查管理均較便利	分段抽樣之誤差可能加大，且整理分析較其他抽樣為複雜。如無必要採二段抽樣即可
5.系統抽樣法	(1)隨機起號僅須抽出一個，以後累加 (2)當個體序列呈隨機出現時，其精確度與簡單抽樣相同	(1)當母體名冊或個體單位數不完整時，無法採用 (2)遇有個體呈某種週期序列，又恰與抽樣間隔相近時，則抽出樣本誤差較大
6.判斷抽樣法	可由人為意志自由選擇調查對象，不受抽樣設計條件之各種限制	調查結果無法推定抽樣誤差。如選擇不當，其誤差可能甚大

第三節　抽樣工具

電腦普及之後，如何善用此一工具，以提高工作效率和減少錯誤，已是潮流的趨勢。在抽樣統計方面，大型及小型的電腦都能對工作有所助益。母體可以儲存在大型統計資料庫中，經由軟體程式取得樣本資料。調查人員可以利用如卡式錄音機之裝備，直接將受查者之答案錄存，再轉錄到大型電腦，這樣可以減少人工登錄的負荷，大量減低成本及失誤機會。最新的發展是利用手提微電腦進行實地訪查（Computer-Aided Person Interviewing, CAPI）。而且電話訪查也利用電腦撥號及顯現樣本資料、問卷及記錄答案，稱為電腦輔助電話訪問（Computer Assisted Telephone Interviewing, CATI）。統計分析當然可以用電腦處理，抽樣調查的結果可以經由電腦通訊網路直接傳送給使用者。這些都是統計工作人員必須注意的技術發展方向，但在我國之應用時，亦須特別注意機器對中文處理之能力。

第四節　電話調查的抽樣

電話調查（telephone survey）挾其經濟、快速和節省人力物力優勢，儼然成為目前使用越來越普遍的調查工具。然而，以電話普及率極高的美國來看，都會地區超過90％以上的家庭裝有電話，但裝有電話家庭和未裝有電話的家庭，有相當不同的特性：未裝電話家庭普遍平均年齡較輕、收入較少、教育程度較低、非白人且戶長為婦女。因而電話調查的樣本是否能代表母體，便值得研究。另外，根據研究，約20％～40％用戶不願登記電話號碼於電話簿中，如何抽出這些用戶，減少調查誤差，亦是一大問題。

一、電話調查抽樣

1.電話用戶：指在住宅單位（house unit）中名字列於電話簿的住戶（households）。

2.非電話用戶：其他住戶。

3.電話涵蓋率（telephone coverage rate, t_{cr}）：

$$t_{cr} = \frac{電話用戶數}{電話用戶數＋非電話用戶數}$$

4.涵蓋偏差（coverage bias）：指涵蓋母體值（covered population value, 即電話底冊母體值）與目標母體值間之差異，以數學式表示為

$$\overline{Y}_c \ - \ \overline{Y} \ = \ (\ 1 \ - \ t_{cr} \ ) \ \times \ (\ \overline{Y}_c \ - \ \overline{Y}_{nc} \ ).$$

涵蓋值	目標值	電話	非涵蓋值
平均數	平均數	涵蓋率	平均數

二、電話號碼抽樣

確定調查樣本規模後，首先要抽選電話號碼，國外普遍採用的方法有電話號碼簿抽樣，隨機撥號及 1^+ 系統三種：

1.電話號碼簿抽樣（sampling telephone directory）

利用最新版的電話號碼簿（住宅部分），以系統抽樣法抽出樣本戶的電話號碼。有兩種抽出方法，其抽出順序如下：

⑴決定樣本數 ⟶ 電話簿總頁數／樣本數，決定每隔幾頁抽出一個電話號碼 ⟶ 決定從第幾頁開始抽 ⟶ 決定從第幾欄開始抽 ⟶ 決定從第幾個名字開始抽 ⟶ 抽出下一個電話號碼 ⟶ 直到抽出所需樣本數電話號碼。

⑵計算電話號碼所有電話用戶數 ⟶ 電話用戶總數／樣本數，得抽樣間隔距離 ⟶ 以隨機抽出第一個電話號碼以間隔距離繼續抽出所需樣

本數電話號碼。

　　使用住宅電話號碼簿容易找到受訪者，且不易發生空號、電話不通或營業用戶。但若電話號碼未登記在電話號碼簿上或一個住戶單位有多具電話，甚至住戶遷移、新用戶資料未及登錄電話號碼簿上等等時，均會使確切執行電話號碼抽樣時產生困擾及偏差。

　　2.隨機撥號（Random Digit Dialing, RDD）

　⑴電話號碼特徵：

$$\underbrace{763}_{\text{局碼}} - \underbrace{\text{----}}_{\text{（central office code）}}$$

　　隨機撥號主要是利用電話號碼的局碼（電話號碼的前3碼），再依地理區域分配特性，以隨機抽樣法抽出局碼及其後的四位數字（所有可能號碼為0000到9999），直至抽出所需樣本數號碼。

　　此法好處在可找到未及登錄電話號碼簿上新用戶資料和剛遷移改局碼的電話用戶，但空號率卻非常高。且電話無人接聽時，究竟是空號、遷移或故障實無法判斷。還有，一個住戶單位有多具電話情況亦不能避免。

　⑵隨機撥號的改良法（Sudman 法）

　　利用固定電話號碼的前4碼（局碼加後4碼的第一個數字）。因電信局在分配號碼時有一定順序，可查出已有用戶的號碼，再將後3碼隨機抽出，如某區局碼有761–、762–、763–，而後4碼的第一個數字查出分別為0，1，2；0；0，1，2，3，則可能情況如下列：

761–0___

761–1___

761–2___

762–0＿＿＿
763–0＿＿＿
763–1＿＿＿
763–2＿＿＿
763–3＿＿＿

配上 000 ～ 999 中隨機抽樣數字，抽出所需樣本號碼。

3. 1⁺（one-plus）系統

利用電話號碼簿（住宅部分），以系統抽樣法抽出樣本戶的電話號碼，再以這些電話號碼最後一位數字加1而得所抽樣本號碼。如抽出爲 762–0021，樣本撥號爲 762–0022，以此類推找出所需樣本數。

此法雖空號率較隨機撥號法小，但仍具電話號碼簿抽樣的缺點。

三、抽出受訪者（respondent selection）

抽出電話號碼後，接著便是如何找到接受調查的受訪者。以下略述幾種常用方法。

1.任意法（no sampling）

以接聽電話的成年人爲接受調查的受訪者。此法經研究，接聽者主要特徵爲住戶內女性（約66%）、老年人或受較高教育的人居多，因此樣本代表性低。

2.認定法（designate）──男女各半

認定受訪者將有 50% 的男性與 50% 的女性。

3.下一個或最近剛生日者（next or last birthday）

詢問接聽電話者，誰是下一個即將過生日（next birthday）的家人，〔或問誰是剛過了生日（last birthday）〕請其接受調查。

4.Trodahl-Carter 法

此法係利用一個已設計好有四個版本的表格（表5–3），詢問接聽電話者兩個問題：

表5-3 Trodahl-Carter 程序中四個版本抽選表

戶內男性總數	戶內成人總數			
	1	2	3	4 或以上
第一版				
0	女性	最年長女性	最年輕女性	最年輕女性
1	男性	男性	男性	最年長女性
2		最年長男性	最年輕男性	最年輕男性
3			最年輕男性	最年長男性
4+				最年長男性
第二版				
0	女性	最年輕女性	最年輕女性	最年長女性
1	男性	男性	最年長女性	男性
2		最年長男性	女性	最年長女性
3			最年輕男性	女性或最年長女性
4+				最年長男性
第三版				
0	女性	最年輕女性	最年長女性	最年長女性
1	男性	女性	男性	最年輕女性
2		最年輕男性	最年長男性	最年長男性
3			最年長男性	最年輕男性
4+				最年輕男性
第四版				
0	女性	最年長女性	最年長女性	最年輕女性
1	男性	女性	最年輕女性	男性
2		最年輕男性	女性	最年輕女性
3			最年長男性	女性或最年輕女性
4+				最年輕男性

⑴府上有幾位成人（滿18歲）？

⑵其中有幾位男性？

然後在某個版本（四個版本輪流使用）中將上述資料圈選，找出受訪者。

自第一通電話起重複上述程序至最後一通，並用第一、二、三、四；二、三、四；一、二、三、四；二、三、四；一、二、三、四；……，的版本順序進行。

習　題

1. 常見的非機率抽樣設計有那些? 其設計方法各如何?

2. 試對以下的抽樣設計方法作優劣性的比較：⑴簡單隨機抽樣；⑵分層抽樣；⑶一階段群集抽樣；⑷多階段群集抽樣；⑸系統抽樣；⑹判斷抽樣。

3. 試述三種常見的電話號碼抽樣法。

第六章　非抽樣誤差

前幾章提到，在統計調查的每個階段都有誤差會發生。誤差的發生可以是因爲抽樣而產生，也可以是因非抽樣的步驟產生。一些非抽樣的誤差包括問卷設計的不良，母體定義的差異，訪問者態度和技巧的差別，受訪者未回卷及不同階段的資料處理錯誤等等。本章僅討論數種重要的非抽樣誤差及其產生的統計意義。

第一節　遺漏數據

遺漏數據（missing data）是產生非抽樣誤差的重要原因，並將導致估計的偏差以及變異數的增大；其發生是由於問卷沒有回收、問項回答不完整或檢誤（editing）後造成缺項等原因，對於前者，可採加權（事後分層）調整法處理，對於後二者，則可採設算法加以彌補。第七章將討論這些方法的特性。

一、未回卷（Nonresponse, NR）及影響

調查通常是要蒐集各個樣本單位中各個變項的數據。當樣本單位之部分項目或全部項目沒有反應時，遺漏數據的問題就會發生。遺漏數據依其遺漏情形可分爲兩種：⑴單位未回卷（unit nonresponse），⑵項目未回卷（item nonresponse）。前者是指樣本單位之調查數據全部無法使用，亦即爲未回卷；後者是指部分項目之數據無法使用。加權調整法

即可使用於全未回卷之情形，而設算法則用於部分項目未回卷時。以下我們以一例說明 NR 對母體比例估計的影響。

茲欲估計殘障人口比例 P. 設以簡單隨機抽樣抽取 n 樣本，郵寄問卷詢問是否殘障。若回卷比率爲 r，$P_{(r)}$ 爲回卷中之殘障比率，則 $P_{(r)}$ 和 P 的關係如何?

已知 NR 比率爲 $1-r$，未回卷中之殘障比率設爲 $Q_{(1-r)}$（此值可透過對未回卷之重行調查估計），則可計算已知 $Q_{(1-r)}$ 後之 P 值估計（記爲 $P(Q_{(1-r)})$）：

$$P(Q_{(1-r)}) = \frac{1}{n}[nrP_{(r)} + n(1-r)Q_{(1-r)}] = rP_{(r)} + (1-r)Q_{(1-r)}.$$

例如，當 $1-r = 0.3$ 時，可得 $P(Q_{(1-r)})$ 和 $P_{(r)}$ 值之間的差異：

$P_{(r)}$	$P(Q_{(1-r)})$		
	$Q_{(1-r)} = 1$	$Q_{(1-r)} = 0.5$	$Q_{(1-r)} = 0$
0	0.3	0.15	0
0.1	0.37	0.22	0.07
0.5	0.65	0.5	0.35
0.9	0.93	0.78	0.63
1	1	0.85	0.7

上表中，$P(Q_{(1-r)} = 1) - P(Q_{(1-r)} = 0) = 0.3 = 1-r$. 可知 r 值影響 P 值估計的最大偏差量。即，NR 率之大小深深影響樣本估計之正確性。是以必須排除萬難去了解未回卷之性質，以避免錯誤。當然，若 $P_{(r)} \approx Q_{(1-r)}$ 時，則僅用回卷的殘障比例做估計，則影響誤差較少。

由於未回卷對估計偏差之影響可能甚巨，故須儘量減少，並且要儘量（重訪、抽樣全查、……）估計未回卷之特性。有效途徑可透過立法、宣傳及適當運用公權力，使民眾具有接受統計調查之心理及風氣。另外，統計調查專家必須深切認識這個問題，訪查員也須特別就此問題

進行訓練，才會因正視此問題而得到較好的處理方法。

二、未回卷發生的情形

前面小節中我們已稍微談到 NR 的影響及 NR 率。一般而言，我國多數的民間調查通常對 NR 的情形沒有特別的報告，也沒有說明針對 NR 的情形如何處理。保守的估計來看，大部分民意測驗的 NR 率通常都大於 50%. 比較不嚴謹的調查，我們也發現其 NR 率更是大得不像話。反過來看，政府單位的調查由於規劃比較周詳，通常 NR 率的範圍都在小於 20% 範圍，此外，有些政府單位也做一些未回卷特性的分析。這是比較負責任的做法。

統計調查中經常產生未回卷的情形，不僅是在我國才有。歐美等國，應用統計調查技巧較有經驗的國家中，也都認為 NR 是大部分統計調查無法避免的現象。事實上，調查人員也發現 NR 率有逐年擴大的現象。例如，Thomsen 及 Siring（1983）曾經針對挪威國一些有關選舉的民意測驗的 NR 率有如表 6–1 的報告。此外，他們也針對挪威政府舉辦的家庭支出調查的 NR 率有如表 6–2 的報告。亞洲方面，我們以新加坡 1972 ～ 1973 年有關家庭支出調查為例。調查分為二個階段：初步調查及主要調查。初步調查階段中，抽取 5,370 戶，其中有 4,716 戶回卷。回卷戶中除掉單身戶後，進行主要調查。最後的分析戶數為 3,528 戶，約

表6–1　挪威國一些選舉調查的 NR 率

調查內容	年度	樣本數	NR 率 (%)	NR 原因 (%)		
				拒答	不在家	其他
選舉調查	1969	2,999	9.9	–	–	–
都市選舉調查	1971	3,064	12.6	–	–	–
選舉調查	1973	2,973	19.4	46	–	–
選舉調查	1979	2,207	21.6	44	33	24

65.5%. 新加坡政府統計局 1974 年的報告中，認爲主要調查中 NR 部分的所得分配和初步調查中的所得分配特性一致。因此統計局認爲，忽略 NR 的影響不致對估計產生過大的偏差，所以並沒有對未回卷資料做調整。

表 6-2　挪威政府舉辦的家庭支出調查的 NR 率

年度	樣本數	NR 率(%)	NR 原因(%)		
			拒答	不在家	其他
1967	5,008	21.8	–	–	–
1973	4,707	28.6	39	–	–
1974	1,388	32.6	46	19	35
1975	1,648	32.3	42	22	36
1976	1,707	31.0	44	25	31
1977	1,419	30.0	44	27	29

三、未回卷的原因

　　發生未回卷的主要原因有二：(1)無法連絡上樣本單位，(2)樣本單位拒絕參與調查。樣本單位無法連絡上經常都是在訪查員訪問調查時，樣本單位不在而產生的。樣本單位不在的情形可分爲幾分鐘內不在或幾年內不在等。當樣本單位長期不在時，即使通信問卷能送達到樣本單位的地址，樣本單位也仍然會產生未回卷的結果。郵寄訪問或面訪調查時，樣本單位無法連絡上也可能是因爲住址不對所產生的或訪查員沒有盡力去連絡到受訪者而造成的。

　　產生拒絕參與調查的原因很多，也許是訪查的時間對受訪者不方便，或訪查員的態度對受訪者產生壓力，或受訪者對問卷項目沒有興趣，或受訪者根本不願外人來騷擾等等。但若能小心的規劃，則仍可能降低拒答的情形。惟我們會發現有人是永遠「絕對」拒答的。

　　若是拒答是由於訪查的時間不方便而產生的話，則一般我們可由再訪或電話催卷，或再寄信件提醒等方式來提升回卷率。此外，小心的選樣及訓練訪查員也能減少未回卷的情形。其他較詳細的作法可參考下面小節中的建議。

四、減少未回卷的一些方法

　　1.以下是針對通信問卷方式，增加回卷率的幾項建議：

　　⑴儘量說服受調查的人，此次調查的重要性。

　　⑵問候或說明之抬頭信件儘量用著名機構或有名望人士署名，以強調調查的重要性。一般說來，以政府機構署名的調查，回卷率均較高。

　　⑶給予適當的禮品。

　　⑷問卷設計儘量簡短易答。多題目之問卷通常導致回收率降低，而且回答錯誤也增加。

　　⑸題目儘量明確，不模糊。

　　⑹問卷之前面幾個題目，儘量保持為受調查對象所關心而且簡易的題目。

　　⑺通信問卷儘量以快遞方式處理，以加強重要及急切性。回郵信封要貼妥郵票。

　　⑻對未回卷者可以多次重複寄送問卷、或電話催卷，或甚至到府訪問等方式處理，以減低回卷誤差。

　　2.以下是針對「面對面」問卷方式，增加回卷率的幾項建議：

　　⑴訪問前先寄出問候及說明信件，解釋調查的重要性。

　　⑵訪問者最好具有調查經驗，並事前受過適當講習及訓練。

　　⑶訪問者儘量能配合受訪者接受調查的時間及地點。

　　⑷訪問者儘量要了解受訪者的社會背景及習俗。

　　⑸受訪者若不在，訪問者需有重複訪問的準備及計畫。一般說來，重複訪問之花費不如預期之高。

3.以上的一些建議可以視爲是一般性的建議。以下我們特別討論二種減少未回卷的方式：⑴再訪（callbacks）及重複電話訪查（repeated telephone calls）；⑵雙重抽樣法（double sampling）。

⑴再訪及重複電話訪查（Deming 模型）：我們發現很多的研究調查中，「再訪」經常可以有效的減低 NR 率。通信調查的研究裡，再訪通常是意指，寄發「追蹤信件」，或電話催卷或親自登門訪問調查。而電話訪問調查或面訪調查裡，再訪則一般意指重複電話訪查。一般對「再訪」的效果都持肯定的態度。例如，一個針對美國退伍軍人是否選擇回學校就學意向的調查（表 6–3 ）顯示，重複通信調查確能減少 NR 率，並且不同階段的通信調查結果也相當不一樣。

表 6-3 退伍軍人就學意向調查

（樣本數 14606，通信調查）

	郵寄次數			NR	總共
	第一次	第二次	第三次		
願意就學(%)	10	15	21	25*	14*
回　卷　率(%)	54	23	11	12*	100

*表示估計，調整部分

假如我們決定進行再訪工作的話，即刻面臨的問題是再訪要進行幾次？Deming（1953）爲了解決此一問題，提供了一個模型。他假設母體中的單位可以分成 k 類（例如，願意配合回卷者，絕對拒答者，或拒答但再訪後可能回卷者，$k = 3$）。假設 $r_{(j)}$ $(j = 1, \cdots, k)$ 表示第 j 類子母體占母體的比例，$\overline{Y}_{(j)}$ 及 $S^2_{(j)}$ 分別表示其子母體平均數及變異數，因此母體平均數爲 $\overline{Y} = \sum_{j=1}^{k} r_{(j)} \overline{Y}_{(j)}$. 假設我們除了第一次訪查之外，另有 $i - 1$ 次再訪的計畫。讓 w_{ij} 表示總共的 i 次訪問中第 j 個子母體內單位願意接受訪查的機率。另外，i 次訪問中，第 j 個子母體中有 n_{ij} 個單位接受訪查，$\overline{y}_{i(j)}$ 表示受訪者之樣本平均數，且假設 $E\overline{y}_{i(j)} = \overline{Y}_{(j)}$. 實

務應用上而言，因爲我們很難清楚誰屬於絕對拒絕者或誰屬於願意回卷者等（即，很難清楚那一個受訪者是屬於那一個子母體），所以我們無法計算 n_{ij} 及 $\overline{y}_{i(j)}$. 但可以計算 $n_i = \sum\limits_{j=1}^{k} n_{ij}$，$i$ 次訪查中之回卷數，及

$\overline{y}_i = \dfrac{\sum\limits_{j=1}^{k} n_{ij}\overline{y}_{i(j)}}{n_i}$，即 i 次訪查中回卷樣本之平均數。

　　假設我們的起始樣本數爲 n，則依照模型假設，i 次訪查的回收樣本數的期望值爲：　$E(n_i) = n\{\sum\limits_{j=1}^{k} w_{ij}r_{(j)}\}$.

此外，給定 n_i 時，

$$E(\overline{y}_i|n_i) = \frac{n \sum\limits_{j=1}^{k} w_{ij}r_{(j)}\overline{Y}_{(j)}}{n_i} \doteqdot \frac{\sum\limits_{j=1}^{k} w_{ij}r_{(j)}\overline{Y}_{(j)}}{\sum\limits_{j=1}^{k} w_{ij}r_{(j)}} \equiv \tilde{Y}_i.$$

因此，若抽樣調查有規劃 i 次訪查，則 i 次訪查的樣本平均數的偏差在給定 n_i 時爲

$$E(\overline{y}_i|n_i) - \overline{Y} \doteqdot \tilde{Y}_i - \overline{Y}.$$

且給定 n_i 時，$\overline{y}_i$ 的變異量（見 Deming, 1953 ）爲

$$Var(\overline{y}_i|n_i) = \frac{\sum\limits_{j=1}^{k} w_{ij}r_{(j)}\{S_{(j)}^2 + (\overline{Y}_{(j)} - \tilde{Y}_i)^2\}}{n_i(\sum\limits_{j=1}^{k} w_{ij}r_{(j)})}.$$

因此，給定 n_i 時，$\overline{y}_i$ 的均方差（Mean Square Error, MSE）爲

$$\mathbf{MSE}(\overline{y}_i|n_i) = Var(\overline{y}_i|n_i) + (E(\overline{y}_i|n_i) - \overline{Y})^2,$$

且

$$\text{MSE}(\overline{y}_i) \doteqdot \frac{\sum\limits_{j=1}^{k} w_{ij}r_{(j)}\{S^2_{(j)} + (\overline{Y}_{(j)} - \tilde{Y}_i)^2\}}{n\{\sum\limits_{j=1}^{k} w_{ij}r_{(j)}\}^2} + (\tilde{Y}_i - \overline{Y})^2. \qquad (*)$$

由 Deming 的模型，我們可以決定最佳的訪查次數，以使 MSE 最小。譬如，$k = 1$，且假設有 1 次或 2 次或 3 次的訪查計畫可以選擇。若由經驗略知，1 次訪查的回卷率為 50%，2 次訪查的回卷率為 75%，3 次訪查的回卷率為 90%，則 $w_{11} = 0.5$，$w_{21} = 0.75$，$w_{31} = 0.9$. 此外，假設 1 次訪查的每個問卷的平均成本是 100，2 次訪查每個問卷的平均成本是 125，3 次訪查每個問卷的平均成本是 140，則若調查經費僅允許 1 次訪查計畫用 $n^{(1)} = 1,000$ 樣本時，2 次訪查計畫在同樣經費下的起始樣本數 n 應為 $n^{(2)} = \dfrac{1,000}{1.25} = 800$，3 次訪查在同樣經費下的起始樣本數 n 應為 $n^{(3)} = \dfrac{1,000}{1.40} = 714$.

將這些值代入（$*$）式中得

$$1 \text{ 次訪查計畫：} \quad \text{MSE}(\overline{y}_1) \approx \frac{0.5S^2}{1,000(0.5)^2} = \frac{S^2}{500}.$$

$$2 \text{ 次訪查計畫：} \quad \text{MSE}(\overline{y}_2) \approx \frac{0.75S^2}{800(0.75)^2} = \frac{S^2}{600}.$$

$$3 \text{ 次訪查計畫：} \quad \text{MSE}(\overline{y}_3) \approx \frac{0.9S^2}{714(0.9)^2} = \frac{S^2}{624.6}.$$

由此來看，3 次訪查計畫是最佳的安排（注意，前面計算中當 $k = 1$ 時，$\overline{Y}_i = \overline{Y} = \overline{Y}_{(1)}$）.

一般實務經驗告訴我們，若一次訪查計畫的起始樣本數為 $n < 1,000$，且增加訪查次數的單位訪查成本增加有限時，則 3 次或 4 次的訪查計畫就相當可行。

⑵雙重抽樣法（double sampling）：雙重抽樣法的精神是假設母體可以分成二個子母體：A_1：「回卷者」，A_2：「未回卷者」；此外，子母

體 A_i 中有 N_i 個單位，$N_1 + N_2 = N$. 假設簡單隨機抽樣獲得起始樣本數為 n 的樣本中有 n_1 個回卷樣本及 n_2 個未回卷樣本。雙重抽樣法建議在未回卷中隨機取 $m_2 = \dfrac{n_2}{k}$（k 是事前確定的已知值，例如 $k = 3$）個樣本進行全力調查，且假設 m_2 個樣本都獲得回卷（實務中，當然在子樣本的調查中仍會有些少部分的「絕對拒答」者，因此少許的調整是有必要的）。

假設第一輪 n_1 個回卷樣本中的平均數為 $\overline{y}_1$，樣本變異數為 s_1^2；第二輪 m_2 個樣本中的平均數為 $\overline{y}_{2m}$，樣本變異數為 s_{2m}^2，則母體平均數的估計量為

$$\overline{y} = \left(\frac{n_1}{n}\right)\overline{y}_1 + \left(\frac{n_2}{n}\right)\overline{y}_{2m}.$$

由理論知道，第二輪的隨機抽樣結果會得到 $E(\overline{y}_{2m}) = \overline{y}_2$，是第一輪未回卷樣本中的平均數（未知的），因此

$$E(\overline{y}) = E\left\{\left(\frac{n_1}{n}\right)\overline{y}_1 + \left(\frac{n_2}{n}\right)\overline{y}_{2m}\right\} = \overline{Y},$$

且

$$Var(\overline{y}) = \left[\frac{(1-f)}{n}\right]S^2 + \left[\left(\frac{N_2}{N}\right)\frac{(k-1)}{n}\right]S_2^2.$$

式中 S_2^2 為「未回卷」者的子母體 A_2 的母體變異數（見 Cochran, 1977）。定義 $w_i = \dfrac{n_i}{n}$，Cochran 書中也證明 $Var(\overline{y})$ 的不偏估計量為

$$\widehat{Var}(\overline{y}) = \frac{(N-n)(n_1-1)}{N(n-1)}\frac{w_1}{n_1}s_1^2 + \frac{(N-1)(n_2-1)-(n-1)(m_2-1)}{N(n-1)} \cdot$$
$$\frac{w_2}{m_2}s_{2m}^2 + \frac{(N-n)}{N(n-1)}\{w_1(\overline{y}_1 - \overline{y})^2 + w_2(\overline{y}_{2m} - \overline{y})^2\}.$$

若是 c_0 是每個起始樣本的起碼費用，c_1 是第一輪調查 n_1 個樣本

的平均費用，c_2 是調查 m_2 個第二輪樣本的平均費用，則總費用為 $C = c_0 n + c_1 n_1 + c_2 m_2$. 現若要求估計的變異數 $Var(\overline{y}) \leq V_0$，則使總費用最小的最佳 k，n 選擇應為

$$k^* = \left\{ \frac{c_2(S^2 - \frac{N_2}{N}S_2^2)}{S_2^2(c_0 + c_1 \frac{N_1}{N})} \right\}^{\frac{1}{2}},$$

及

$$n^* = \left(\frac{NS^2}{NV_0 + S^2} \right) \left\{ 1 + \frac{(k^* - 1)\frac{N_2}{N}S_2^2}{S^2} \right\}.$$

樣本數為 $n_0 = 1,000$ 的簡單隨機抽樣的樣本平均數的變異數為 $\dfrac{\left(1 - \frac{n_0}{N}\right) S^2}{n_0}$. 假設我們希望估計量 $\left(\frac{n_1}{n}\right)\overline{y}_1 + \left(\frac{n_2}{n}\right)\overline{y}_{2m}$ 的變異數和此值相同時，則我們等於要求 $V_0 = \dfrac{\left(1 - \frac{n_0}{N}\right) S^2}{n_0}$，假設 $N_2 = 0.4N$，$S^2 = S_2^2$ 且 $c_0 = 0.1$，$c_1 = 0.4$，$c_2 = 4.5$（見 Hasen 及 Hurwitz, 1946），則可計算得到：

$$k^* = 2.83,$$

且

$$n^* = 1,732.$$

第二節　敏感問題

產生拒絕答卷的原因相當多。有時是，所問的問題相當敏感。統計

調查的目的若是爲了要了解許多敏感問題的真象，例如逃稅、政治意識、墮胎、吸毒、性病等相當政治性或私密性的問題時，直接的詢問當然容易招致受查者的疑慮，或不予作答，或故意答錯。然而，若是小心處理的話，其 NR 率並不一定比普通的問卷調查要高。通常處理此類敏感問題的調查時，應用面訪調查會比郵寄或電話調查得到較高的回卷率。因爲常理來看，「同情的傾聽」者比未知的陌生人容易被接受來答覆隱私性的問題。然而，即使受調查人願意回答敏感或尷尬的問題，我們有時也會對回答答案的真實性存疑。

有數種方式可以用來處理敏感問卷的問題。較普遍的一些方法都和隨機選取題目回答的原則有關。這種隨機反應（random response）的設計將於第八章討論。

第三節　回答誤差

回答誤差簡單的說就是答案的真實值和觀察值之間差異所產生的誤差。回答誤差大的話，也就是第二章中所說的效度小。回答誤差的產生可能是由於接受調查的人本身的緣故，或調查人記錄誤差，或後續之資料處理產生錯誤而影響。

若是接受調查的人本身產生回答誤差，其原因可能爲：

1.無心之過。

2.沒有經過充分思考後便予以回答。

3.記憶有誤。

4.因爲題目敏感，故易產生回答誤差。

5.受訪人有意討好調查人。

若是調查人本身產生回答誤差的話，其原因可能爲：

1.因爲太累或沒有經驗而於記錄時產生誤差。

2.心中已有成見，認爲答案應該如此。

3.對於記錄正確的答案感到不耐。

有時回答誤差的產生和量測工具有關係。例如記錄體重時，所用的體重器不準確。回答誤差的產生有時也和問卷題目中的語意不清楚或用語不當有關係。我們可以繼續說出一堆產生回答誤差的原因。但一般認爲，影響回答誤差最大的原因有：受訪的地點及問問題的態度和方式（特別是針對敏感問題而言），等二種。Sudman 及 Bradburn（1974）對此問題有詳細的討論。

一、記憶誤差

有三種不同形式的記憶誤差：⑴將事件發生的時間記錯；⑵忘記過去已發生的事件；⑶事件的詳情被混淆不清。Moss 及 Goldstein（1979）針對這個問題有詳細的報告。一般的看法是，過去發生事件的時間愈長，誤差愈大。此外，問卷題目中所談的事件和受訪者的相關性及事件在受訪者身上發生的頻率都會影響回答誤差。

二、回答誤差的模型

我們在這個小節中所談的模型是 Hansen 等人（1961）所發展出來的。假設在統計調查中，針對某一特定的問題我們收集定量的樣本資料。假設 μ_i 是第 i 個樣本元素的真實答案，y_{it} 是其在第 t 次調查中的答案。我們可以假想 y_{it} 是第 i 個樣本元素在無數個同樣調查條件下所取得的無數個答案中隨機取出的一個答案。在這個隨機架構下我們可以得到

$$y_i = E(y_{it}|i),$$

其中期望值是針對第 i 個樣本元素的隨機架構而做的。因此，此樣本元素的回答偏差（誤差）即爲 $y_i - \mu_i$. 現若有 n 個樣本，則我們調查中所得的樣本平均數爲

$$\overline{y}_t = \sum_{i=1}^{n} \frac{y_{it}}{n}.$$

而在上面所述的隨機架構下，得其期望值為 $\overline{y}_t = \sum_{i=1}^{n} \frac{y_i}{n}$. 定義 $d_{it} = y_{it} - y_i$，則回答的變異量可表示為

$$E(\overline{y}_t - \overline{y})^2 = \frac{1}{n^2} \{ \sum_{i=1}^{n} E d_{it}^2 + \sum_{\substack{i=1 \\ i \neq j}}^{n} \sum_{j=1}^{n} E(d_{it} d_{jt}) \}.$$

假設 $E d_{it}^2 = Var(y_{it}) = \sigma_d^2$，即每一樣本元素的回答變異量均相同，且 $E(d_{it} d_{jt}) = cov(y_{it}, y_{jt}) = \rho \sigma_d^2$, $i \neq j$，即第 i 及第 j 樣本元素之回答相關係數均相同，則可得

$$E(\overline{y}_t - \overline{y})^2 = \frac{1}{n} \sigma d^2 \{ 1 + \rho(n-1) \}.$$

以上期望值或變異數之計算均在給定樣本的情況下討論的。但樣本是隨機抽取得來的。因此在簡單隨機抽樣的情況下，因為 $E(\overline{y}) = \overline{Y}$，所以 $E(\overline{y}_t) = \overline{Y}$，$\overline{y}_t$ 是 $\overline{Y}$ 的不偏估計量，且

$$Var(\overline{y}_t) = E(\overline{y}_t - \overline{y})^2 + E(\overline{y} - \overline{Y})^2 = \frac{1}{n} \sigma_d^2 \{ 1 + \rho(n-1) \} + \frac{(1-f)S^2}{n}.$$

因此，由這個回答誤差模型我們發現，樣本平均數 $\overline{y}_t$ 不但產生估計偏差 $(\overline{Y} - \frac{1}{N} \sum_{i=1}^{N} \mu_i)$，而且其變異數增加了 $\frac{1}{n} \sigma_d^2 \{ 1 + \rho(n-1) \}$ 的量。

以上我們所談的資料是定量的資料，若資料是定性的資料時，上面的回答誤差模型可能極不適用。譬如，針對某個問題的意見或態度，可能自然的會隨著時間或外在條件的變化而變化。因此，同一調查條件下的二次調查的回答差異可能是回答錯誤的原因，也可能是受訪人改變了態度或意見。因此很難去判斷回答的誤差是否為真正的誤差或是行為改變而產生的。

在實務應用中要研究回答誤差的話，顯然要花相當的工夫。首先，

要設計調查方法使得 σ_d^2 和 ρ 值可以估計出來，或可由其他資訊來源取得。再者，要確保模型是真實反應錯誤回答的行為。

習　題

1.試詳述各種增加問卷回收率的辦法。

2.試論如何應用雙重抽樣的設計來減少未回卷的情形。

3.在雙重抽樣的設計下，母體平均數的不偏估計量為何? 試詳細說明其理論依
　據。

第七章　處理未回卷的
　　　　調整及設算法

　　我們已在〈非抽樣誤差〉一章中談到單位 NR 及項目 NR 的問題。NR 率若高的話，我們也指出它會影響估計偏差。此外，由於觀察到的樣本數過少，也會影響到估計的精確度。因此，未回卷若已發生而不做適當處理的話，則對母體特徵值估計的可靠性就相當令人懷疑。如何減少 NR 發生的原則，我們已於第六章中稍有說明。本章主要的目的則是，介紹當 NR 已發生時，如何應用現有的資料及假設的模型，去調整估計量或對遺漏的數據做合理的設算（imputation）。

第一節　處理單位未回卷之加權調整法

　　我們在第四章中已定義過「被抽中」的指示變數 I_i. 爲了方便討論，我們另外也定義「回卷」的指示變數 R_i，表示

　　　　$R_i = 1$，若第 i 個母體單位被抽入樣本後會有回卷，

　　　　　$= 0$，若第 i 個母體單位被抽入樣本後不會有回卷。

在簡單隨機抽樣的設計下，我們已知：

$$P(I_i = 1) = \frac{n}{N} \quad \text{且} \quad P(I_i = 1, I_j = 1) = \frac{n}{N}\left(\frac{n-1}{N-1}\right), i \neq j.$$

但，R_i 的特性仍未知。

一、相同的回卷機率模型

要了解 R_i 的特質，我們須有一些模型的假設。本小節主要是假設母體中的每一個被抽入樣本的單位都有相同的回卷機率 g. 因此，n 個樣本中僅有 m 個回卷的機率，依二項式分配可知，其值應為 $\binom{n}{m}g^m(1-g)^{n-m}$. 另外，假設給定 m 值，則

$$P(R_i = 1|I_i = 1) = \frac{m}{n},$$

且

$$P(R_i = 1, R_j = 1|I_i = 1, I_j = 1) = \left(\frac{m}{n}\right)\left(\frac{m-1}{n-1}\right), \quad i \neq j.$$

假設我們希望估計的母體特徵為 $\overline{Y}$，則其不偏的估計量為 $\tilde{y} = \dfrac{1}{m}\sum\limits_{i=1}^{m} y_i$ ($= \dfrac{1}{m}\sum\limits_{i=1}^{N} I_i R_i Y_i$)；式中 y_i 為樣本中觀察到的（被抽中且回卷的）值。其原因是，給定 m 值時，

$$
\begin{aligned}
E(\tilde{y}|m) &= \frac{1}{m}\sum_{i=1}^{N} E(I_i R_i|m)Y_i \\
&= \frac{1}{m}\sum_{i=1}^{N} \frac{m}{n} E(I_i)Y_i = \overline{Y}.
\end{aligned}
$$

因此，$E(\tilde{y}) = \overline{Y}$. 另外，給定 m 值時，我們也可計算得到 $\tilde{y}$ 的變異數

$$
\begin{aligned}
Var(\tilde{y}|m) &= \left(\frac{1}{n} - \frac{1}{N}\right) S^2 + \left(\frac{1}{m} - \frac{1}{n}\right) S^2, \\
&= \left(\frac{1}{m} - \frac{1}{N}\right) S^2,
\end{aligned}
$$

且

$$Var(\tilde{y}) \approx (\frac{1}{ng} - \frac{1}{N})S^2.$$

由此可知，在這種簡單的模型下，我們忽略 NR 的部分且仍用樣本平均數 $\tilde{y}$ 去估計 $\overline{Y}$ 的結果是：估計量仍維持一貫的準確度（偏差為 0），但精確度已降低。在此模型下，S^2 的不偏估計量是

$$\tilde{S}^2 = \frac{1}{m-1} \sum_{i=1}^{m} (y_i - \tilde{y})^2.$$

二、子母體內回卷機率相同的模型

在整個母體內假設相同的回卷機率，不是一個很切實際的模型。一個比較合理的假設是：母體可以適當的分成數個子母體，且子母體內的單位若被抽入樣本的話，其回卷機率相同，但不同子母體內的單位回卷機率不一定相同。假設母體分成 L 個子母體，第 h 個子母體的樣本數為 n_h，總單位數為 N_h，其中第 i 個單位值以 Y_{hi} 表示。

估計母體平均數，基本上有二種方法（見 Oh 及 Scheuren, 1983）：

1.事後分層法（poststratification approach）：假設 N_h 及 m_h（第 h 個子母體的回卷數）已知。

2.對層加權法（weighting-class approach）：不需要假設 N_h 已知，用 n_h 去加權即可。

我們假設第 h 個子母體內單位的回卷機率為 g_h，被抽中的指示變數定義為 I_{hi}，且回卷的指示變數為 R_{hi}. 另外，不同子母體的指示變數均為互相獨立。因此，簡單隨機抽樣的設計下，給定 $\underset{\sim}{n} = (n_1, \cdots, n_L)$ 及 $\underset{\sim}{m} = (m_1, \cdots, m_L)$，則

$$P_r(I_{hi} = 1 | \underset{\sim}{n}) = \frac{n_h}{N_h}, \quad P_r(R_{hi} = 1 | I_{hi} = 1; \underset{\sim}{n}, \underset{\sim}{m}) = \frac{m_h}{n_h},$$
$$P_r(I_{hi} = 1, I_{hj} = 1 | \underset{\sim}{n}) = \left(\frac{n_h}{N_h} \right) \left(\frac{n_h - 1}{N_h - 1} \right), \quad i \neq j,$$

$$P_r(R_{hi} = 1, R_{hj} = 1 | I_{hi} = 1, I_{hj} = 1; \underset{\sim}{n}, \underset{\sim}{m}) = \left(\frac{m_h}{n_h} \right) \left(\frac{m_h - 1}{n_h - 1} \right), \ i \neq j,$$

$$P_r(I_{hi} = 1, I_{h'j} = 1 | \underset{\sim}{n}) = \left(\frac{n_h}{N_h} \right) \left(\frac{n_{h'}}{N_{h'}} \right), \ h \neq h',$$

$$P_r(R_{hi} = 1, R_{h'j} = 1 | I_{hi} = 1, I_{h'i} = 1; \underset{\sim}{n}, \underset{\sim}{m}) = \left(\frac{m_h}{n_h} \right) \left(\frac{m_{h'}}{n_{h'}} \right), \ h \neq h',$$

由以上結果，我們可考慮二種估計量：

事後分層估計量： $\tilde{y}_s = \sum_{h=1}^{L} \dfrac{N_h}{N} \tilde{y}_h$ （見第四章），

對層加權估計量： $\tilde{y}_c = \sum_{h=1}^{L} \dfrac{n_h}{n} \tilde{y}_h.$

式中 $\tilde{y}_h$ 為第 h 個子母體內所得觀察值 y_{hi} 的平均值 $\tilde{y}_h = \dfrac{\sum_{h=1}^{m_h} y_{hi} \cdot \overline{y}_s}{m_h}$ 可以視為是應用母體比例權數來調整估計量； $\tilde{y}_c$ 可以視為是應用樣本的比例權數來調整估計量。定義 $\overline{Y}_h$ 為第 h 個子母體的平均數。由本章第一節的相同的回卷機率模型中的討論我們可以認定：

$$E(\tilde{y}_s) = \sum_{h=1}^{L} \frac{N_h}{N} \overline{Y}_h = \overline{Y},$$

且

$$E(\tilde{y}_c) = E\{E(\tilde{y}_c | \underset{\sim}{n})\} = E\left\{ \overline{Y} - \left[\sum_{h=1}^{L} (\overline{Y}_h - \overline{Y}) \left(\frac{N_h}{N} - \frac{n_h}{n} \right) \right] \right\} = \overline{Y}.$$

由此來看， $\tilde{y}_s$ 和 $\tilde{y}_c$ 都是母體平均數 $\overline{Y}$ 的不偏估計量。後者的結果是利用 $E(n_h) = n \left(\dfrac{N_h}{N} \right)$ 的結論而導出的。但有時（譬如底冊不完整時），在簡單隨機抽樣的設計下得到 $E(n_h) \neq n \left(\dfrac{N_h}{N} \right)$，因此 $\tilde{y}_c$ 就不是不偏的估計量。但 $\tilde{y}_s$ 仍然是不偏的估計量。

定義 S_h^2 為第 h 個子母體的變異數，則可得：

$$Var(\tilde{y}_s|\underline{n},\underline{m}) = \sum_{h=1}^{L} \left(\frac{N_h}{N}\right)^2 \left(1 - \frac{m_h}{N_h}\right) \frac{S_h^2}{m_h},$$

且

$$Var(\tilde{y}_c|\underline{n},\underline{m}) = \sum_{h=1}^{L} \left(\frac{n_h}{n}\right)^2 \left(1 - \frac{m_h}{N_h}\right) \frac{S_h^2}{m_h}.$$

上式中的 S_h^2 可以用 $\tilde{s}_h^2 = \dfrac{1}{m_h - 1} \sum\limits_{i=1}^{m_h} (y_{hi} - \tilde{y}_h)^2$ 來估計。另外，於應用 $\tilde{y}_c$ 時，我們不知道 N_h，但其可由 $N\dfrac{n_h}{n}$ 來估計。因此，我們可以獲得變異數估計量：

$$\widehat{Var}(\tilde{y}_s|\underline{n},\underline{m}) = \sum_{h=1}^{L} \left(\frac{N_h}{N}\right)^2 \left(1 - \frac{m_h}{N_h}\right) \frac{\tilde{s}_h^2}{m_h},$$

$$\widehat{Var}(\tilde{y}_c|\underline{n},\underline{m}) = \sum_{h=1}^{L} \left(\frac{n_h}{n}\right)^2 \left(1 - \frac{nm_h}{Nn_h}\right) \frac{\tilde{s}_h^2}{m_h}.$$

我們建議用這二個估計量分別估計 $\tilde{y}_s$ 及 $\tilde{y}_c$ 的變異數。以上我們談的是條件變異數。我們也可以直接計算 $\tilde{y}_s$ 及 $\tilde{y}_c$ 的（非條件）變異數如下：

$$Var(\tilde{y}_s) \approx \sum_{h=1}^{L} (\frac{N_h}{N})^2 (1 - \frac{m_h^*}{N_h}) \frac{S_h^2}{m_h^*} + \sum_{h=1}^{L} (\frac{N_h}{N})^2 (1 - \frac{m_h^*}{n}) \frac{S_h^2}{m_h^{*2}},$$

且

$$Var(\tilde{y}_c) \approx Var(\tilde{y}_s) + \frac{1}{n} \sum_{h=1}^{L} (\frac{N_h}{N})(\overline{Y}_h - \overline{Y})^2,$$

式中 $m_h^* = ng_h \dfrac{N_h}{N}$。以上結果的計算可參考 Cochran（1977, pp.134～135）的方法。此外，可下的結論是 $\tilde{y}_s$ 的變異數比 $\tilde{y}_c$ 的變異數小。

三、調整還是不調整？如何調整？

　　1.假如子母體間的子母體平均數差異相當大時，則調整有利，否則不調整（用一般的平均數所得的 MSE 可能較小）。

2.若 m_h 太小或 $\left(\dfrac{N_h}{m_h}\right)$ $\left(\text{或} \dfrac{N}{n}\left(\dfrac{n_h}{m_h}\right)\right)$ 太大時，第 h 個子母體應該和其他子母體合併（Hanson, 1978）。

3.當 NR 對估計量不會產生偏誤時，不調整會較有利，否則調整所產生的 MSE 會較大。

4.子母體（層）最好適當的選擇，使得層內未回卷單位的變異數越小越好；此外，層間差異越大也越好。

5.若需要調整，最好用事後分層估計法調整。

四、例子

1.例：事後分層調整法

一學校有學生 5,000 人，其中男生 3,000 人，女生 2,000 人。現抽出 400 人為樣本，用以找出對男女合班上課的偏好程度，結果如下：

層別	子母數	樣本數	回答數	贊成數	偏好率（P）
男	3,000	200	100	20	0.2
女	2,000	200	150	120	0.8

使用事後分層調整法估計 P 為：

$$\hat{P} = \frac{[(3,000)(0.2) + (2,000)(0.8)]}{5,000} = 0.44 \quad \text{或} \quad 44\%.$$

2.例：對層加權調整法

層別	樣本數	回答數	回答率	贊成比例
北區	1,000	500	0.5	0.5
中區	2,000	1,800	0.9	0.9
南區	1,000	850	0.85	0.95

未使用調整之平均數估計值爲:

$$y = \frac{[(0.5)(500) + (0.9)(1,800) + (0.95)(850)]}{3,150} \fallingdotseq 0.85.$$

使用對層加權調整法後之平均數估計值爲:

$$y = \frac{[(0.5)(1,000) + (0.9)(2,000) + (0.95)(1,000)]}{4,000} \fallingdotseq 0.81.$$

第二節 處理問項未回卷之設算法

設算法（imputation）一般是指對項目未回卷（item nonresponse）的情形，以某種規則添加一個可用的數字，當作該項目的答案的方法。由於本書一般是以處理單變量 Y_i 的結果表示。因此，符號上看起來調整法或設算法都是處理相同的問題。但事實上，設算法僅是處理有回卷但回卷答案沒有完整的部分項目未回卷情形，和調整法處理的單位未回卷的情形截然不同。

基本上，較流行的設算法有二種:

1.平均設算法。

2.「熱卡」法（hot deck method）。

假設樣本數爲 n 的樣本僅觀察到 m 個樣本 $\{y_1, \cdots, y_m\}$，另假設 $y_{m+j}(j = 1, \cdots, n-m)$ 爲遺失或沒有觀察到的數據。平均設算法的精神是用 $\bar{y}_1 = \frac{1}{m}\sum_{i=1}^{m} y_i$ 去設算 y_{m+j}. 因此，若 y_{m+j}^* 表示爲 y_{m+j} 的設算值，則 $y_{m+j}^* = \bar{y}_1$, $j = 1, \cdots, n-m$（假設 Y_i 的分配約像常態分配，且樣本爲隨機樣本，則 y_{m+j} 的最佳預測值（best prediction）爲 $\bar{Y}$. 在此情形下，平均設算法即爲最佳預測設算法）。設算以後形成「資料」

$\{y_1, \cdots, y_m, \overline{y}_1, \cdots, \overline{y}_m\}$，其平均數爲 $\frac{1}{n}\{m\overline{y}_1 + (n-m)\overline{y}_1\} = \overline{y}_1$ 所得結果和忽略 NR，僅用觀察值去做平均數的效果是一樣的。

熱卡法是首先將資料做事後分層（參考第一節；因爲是回卷但部分項目未回答，所以可用相關完整的項目去做分層的基礎變數）。然後，在每一層內隨機抽取（採置回式或不置回式）層內已觀察到的答案用來當作層內沒有觀察到的答案的設算值。因爲是用目前觀察到的樣本資料做設算的基礎，因此叫熱卡法。假如用其他樣本資料（譬如，過去相關調查的資料）做設算的基礎，則方法叫冷卡（cold deck）法。

假設有 L 層，第 h 層內已有觀察值 $y_{h1}, \cdots, y_{hm_h}\left(\sum\limits_{h=1}^{L} m_h = m\right)$，樣本平均數爲 $\overline{y}_{h1} = \frac{1}{m_h}\sum\limits_{j=1}^{m_h} y_{hj}$，且使用熱卡法後，我們發現在 $n_h - m_h$ 個設算值內 y_{hj} 被重複使用 d_{hj} 次。則用熱卡法所得的母體平均數的估計量爲

$$\overline{y}_{HD} = \frac{\sum\limits_{h=1}^{L}\left\{\sum\limits_{j=1}^{m_h} y_{hj} + \sum\limits_{j=1}^{m_h} d_{hj}y_{hj}\right\}}{n}$$

$$= \sum\limits_{h=1}^{L}\frac{n_h}{n}\left\{\left(\frac{m_h}{n_h}\right)\overline{y}_{h1} + \left(\frac{n_h - m_h}{n_h}\right)\left(\frac{\sum\limits_{j=1}^{m_h} d_{hj}y_{hj}}{(n_h - m_h)}\right)\right\}.$$

一般使用熱卡法的假設是層內回卷單位的變數值分配和未回卷單位的變數值分配是一樣的。因此我們希望分層所使用的變數和母體特徵值變數的相關性要越高越好。熱卡法的功能主要是去降低未回卷所產生估計的偏誤。但一般由於設算的關係，通常會使估計的變異數擴大（降低估計精確度）。因此，假如我們知道每一個層內的母體總個數 N_h，則在 $\overline{y}_{HD}$ 的公式中我們可以應用母體比例 $\frac{N_h}{N}$ 替代樣本比例 $\frac{n_h}{n}$，以降低

估計的變異數（參考第一節）。

一、減低 NR 所產生的偏差

　　Little 及 Rubin（1989）書中說明若是未回答的資料是「完全隨機遺失」（missing completely at random）的話，則觀察到的樣本 $\{y_1, \cdots, y_m\}$ 仍然「約」可以認爲樣本數爲 m 的簡單隨機抽樣的樣本。而 $\overline{y}_1$ 或 $\overline{y}_{HD}$ 都仍然是母體平均數 $\overline{y}$ 的不偏估計量。

　　所以設算並無多大意義。惟通常，未回卷的情形並不一定是如此單純。譬如，我們經常發現，回卷的人和未回卷的人行爲不一定相同。因此，$\overline{y}_1$ 的估計會產生偏誤:

$$B = E(\overline{y}_1) - \overline{Y} \neq 0.$$

另外，不管是採「置回式」或「不置回式」的隨機抽樣來設算，$\overline{y}_{HD}$ 的估計偏誤皆爲

$$\begin{aligned} B_{HD} &= E\{\overline{y}_{HD} - \overline{Y}\} \\ &= \left\{ \sum_{h=1}^{L} E\left(\frac{n_h}{n}\right) E(\overline{y}_{h1}) \right\} - \overline{Y} \\ &= \sum_{h=1}^{L} \frac{N_h}{N} \{E(\overline{y}_{h1}) - \overline{Y}_h\}. \end{aligned}$$

因此，當層內元素越「均勻」（homogeneous）的話，偏值 B_{HD} 會越小。如此看來，應用熱卡法最重要的前提是，將母體分層，使得「觀察到」及「未觀察到」的資料之間的差異性越小越好。反觀，平均設算法無法達到此目的。

二、變異數的比較

　　平均設算法所得的資料組合是

$$BP = \{y_1, y_2, \cdots, y_m, \overline{y}_1, \cdots, \overline{y}_1\}.$$

而熱卡法在 $L = 1$ 的情況下所得的資料組合是

$$HD = \{y_1, y_2, \cdots, y_m, y_{m+1}^*, \cdots, y_n^*\}.$$

式中 y_{m+j}^* 是樣本 $\{y_1, y_2, \cdots, y_m\}$ 中隨機抽樣獲得。 Fellegi 及 Holt（1976）認爲 HD 資料比 BP 資料更能代表原始的母體分配行爲；即所謂資料的代表性較高。主要的原因是，BP 資料加入相當大部分的 $\overline{y}_1$ 值，使得樣本分配的形狀遭到嚴重的扭曲。因此，HD 資料不但比較能代表真實的樣本結構，而應用 HD 資料所得樣本平均數的估計偏差也較少。

由 BP 資料的組合來看，其樣本分散度（dispersion）較小，因此 $\overline{y}_1$ 的變異數也自然較小。事實上，給定 m 值，我們在「完全隨機遺失」的條件下，我們可以得到（參考 Ford, 1983 ）：

$$Var(\overline{y}_1|m) \doteq \frac{S^2}{m} = \frac{S^2}{n}(1 + \frac{n-m}{n}) \equiv A_1.$$

另外，在應用熱卡法的情況下，我也得到：

1.採不置回式隨機抽取 y_i 設算：若 $m \geq \dfrac{n}{2}$，

$$Var(\overline{y}_{HD}|m) \doteq \frac{S^2}{n}\left\{1 + \frac{2(n-m)}{m}\right\} \equiv A_2.$$

2.採置回式隨機抽取 y_i 設算：

$$Var(\overline{y}_{HD}|m) \doteq \frac{S^2}{n}\left[1 + \left\{\frac{n-m}{m}\right\}\left\{\frac{n+m-1}{n}\right\}\right] \equiv A_3.$$

變異數比較的結果是

$$A_1 \leqq A_2 \leqq A_3.$$

注意，這個結果不能用來說明熱卡法的估計比較差（變異數較大）。因為以上的結果是在「完全隨機遺失」的假設下討論得到，而且以上討論的熱卡法並沒有採分層調整。有結論的部分是，應用熱卡法時，在可能的範圍內（例如 $m \geq \frac{n}{2}$），最好是採用不置回式，隨機抽取 y_i 來設算。

三、例：遺漏數據設算

假設研究某地區國民黨籍與其他黨籍選民對某一政策之意見，經訪問 478 個樣本後，發現有 300 個樣本完整回答，另 178 個樣本為遺漏數據。其中國民黨籍有 30 個，其他黨籍有 60 個不願意回答贊成或反對；另外回答贊成者有 28 位，反對者有 60 位，但不願意回答屬於什麼黨籍（表 7–1）。

表 7–1

完整回答部分

	贊成	反對	
國民黨	100	50	150
其他	75	75	150
	175	125	300

遺漏數據部分

		贊成	反對	
國民黨	30	28	60	88
其他	60			
	90			

現若欲估計不同黨籍之意見比率，針對遺漏部分可用下列方式設算之：

1.步驟一

首先假設其意見比率爲完整回答部分之比率; 結果如下表。

	贊成	反對
國民黨	0.333	0.167
其 他	0.25	0.25

接著利用此假設來設算遺漏部分（若有黨籍資料但沒作答者，可以黨籍分層，然後分別應用平均設算。若有作答資料，但沒有黨籍資料者，可用回答答案分層，然後分別應用平均設算）。

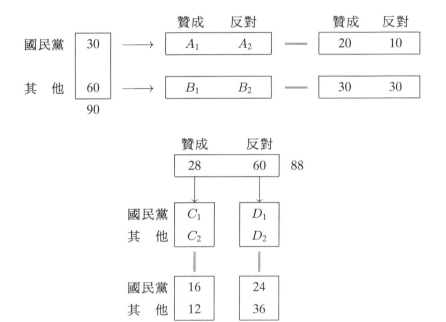

其中

$$A_1 = 30 \times \frac{\frac{1}{3}}{\frac{1}{3} + \frac{1}{6}} = 20, \quad C_1 = 28 \times \frac{\frac{1}{3}}{\frac{1}{3} + \frac{1}{4}} = 16.$$

$$A_2 = 30 \times \frac{\frac{1}{6}}{\frac{1}{3} + \frac{1}{6}} = 10, \quad C_2 = 28 \times \frac{\frac{1}{4}}{\frac{1}{3} + \frac{1}{4}} = 12.$$

$$B_1 = 60 \times \frac{\frac{1}{4}}{\frac{1}{4} + \frac{1}{4}} = 30, \quad D_1 = 60 \times \frac{\frac{1}{6}}{\frac{1}{6} + \frac{1}{4}} = 24.$$

$$B_2 = 60 \times \frac{\frac{1}{4}}{\frac{1}{4} + \frac{1}{4}} = 30, \quad D_2 = 60 \times \frac{\frac{1}{4}}{\frac{1}{6} + \frac{1}{4}} = 36.$$

2.步驟二

將設算後之結果與完整回答部分合併, 得到新的意見比率估計值:

	贊成	反對
國民黨	0.28	0.17
其　他	0.24	0.31

其中

$$0.28 = \frac{(100 + 20 + 16)}{478},$$

$$0.17 = \frac{(50 + 10 + 24)}{478},$$

$$0.24 = \frac{(75 + 30 + 12)}{478},$$

$$0.31 = \frac{(75 + 30 + 36)}{478}.$$

第三節　多重設算（multiple imputation）

一、Rubin 多重設算法

在實務上，應用設算的方法去處理 NR 的情形是相當普遍的事情。顯然的，一個好的設算方法應該是，設算以後的資料可以看起來像真實的（沒有 NR）資料一般，並且一般傳統的資料分析方法可以無礙的使用。但，後者的要求卻經常無法達到。例如，在簡單隨機抽樣下，用設算後的樣本變異數便無法有效估計母體變異數。通常，設算後的資料必須經過相當複雜的電腦運算，才能處理資料分析的問題。這顯然不是一般非專業人員所能負擔的事情。因此，有些人也不禁懷疑，花這麼多的物力和人力做設算的分析，比較其他方法（例如，減低 NR 率的方法，見第六章），是否值得？

Rubin（1987）建議用多重設算法來解決設算以後所產生的資料分析問題。假設我們要估計 $\overline{Y}$，且母體內資料的分配約像常態分配一樣。另假設我們隨機抽取 n 個樣本後，僅得到 $\{y_1, y_2, \cdots, y_m\}$ 觀察值；另外，用設算法得到「資料」集合 C（例如，用平均設算法得 $C = BP$，用熱卡法得 $C = HD$（第二節二、變異數的比較）). Rubin 建議我們重複使用同樣的設算法 L 次，獲取 L 組資料集合 $C_1, C_2, \cdots, C_L$，分別用資料集合 C_k 計算普通的樣本平均數 $\overline{y}_k^*$ 及樣本變異數 s_k^{2*}. Rubin 認為 $\overline{Y}$ 的估計量是

$$\overline{y}^* = \frac{1}{L} \sum_{k=1}^{L} \overline{y}_k^*,$$

且其變異數的估計量為

$$\widehat{Var}(\overline{y}^*) = \left(\frac{1}{L} \sum_{k=1}^{L} \frac{s_k^{2*}}{n} \right) + \left(1 + \frac{1}{L} \right) \frac{\sum_{k=1}^{L} (\overline{y}_k^* - \overline{y}^*)^2}{L-1}.$$

這個結果可以推展到其他較複雜的統計量（例如，比值估計量或迴歸估計量等）：假設在完整資料時，我們用統計量 v 估計母體特徵值 V，其

變異數估計量爲 s_v^2. 且 n 大時，v 的樣本分配有如期望值爲 V，變異數爲 s_v^2 的常態分配一樣。則在不完整資料時，Rubin 建議下面的作法：

1.重複設算獲取 L 組「完整」資料集合 $C_1, C_2, \cdots, C_L, L > \dfrac{n}{m}$.

2.用「資料」C_k 計算 v 及 s_v^2 得到 v_k^* 及 $s_{v,k}^{*2}$.

3.計算 $\overline{v}^* = \dfrac{1}{L} \sum\limits_{k=1}^{L} v_k^*$，及 $\widehat{Var}(\overline{v}^*)$

$$= \left(\frac{1}{L} \sum_{k=1}^{L} s_{v,k}^{*2} \right) + \left(1 + \frac{1}{L} \right) \cdot \frac{\sum\limits_{k=1}^{L} (v_k^* - \overline{v}^*)^2}{L-1}.$$

4.$\overline{v}^*$ 用來估計 V；$\overline{v}^*$ 的變異數估計量爲 $\widehat{Var}(\overline{v}^*)$.

二、例

Rubin（1987, p.20）考慮下表中的不完整數據：

x_i	8	9	11	13	16	18	6	4	20	25
y_i	10	?	14	?	16	15	20	4	18	22

已知的是 $N = 1,000$，樣本數 $n = 10$，取樣採不置回的簡單隨機抽樣，「？」表示數據沒有。因爲也知 $\overline{X} = 12$，所以當資料完整時可用比值估計量 $\overline{y}_r = \dfrac{\overline{y}}{\overline{x}} \overline{X}$，估計母體平均數 $\overline{Y}$. 其變異數估計量爲

$$\widehat{Var}(\overline{y}_r) = \frac{(1-f)}{n} \left\{ \sum_{i=1}^{n} \frac{\left(y_i - \dfrac{\overline{y}}{\overline{x}} x_i \right)^2}{n-1} \right\} \equiv s_r^2.$$

由於資料不完整，無法直接計算 $\overline{y}_r$ 及 s_r^2. 現假設用設算法得到下列二組「完整」的資料集合：

x_i	8	9	11	13	16	18	6	4	20	25
$y_{i,1}$	10	12*	14	19*	16	15	20	4	18	22
$y_{i,2}$	10	17*	14	17*	16	15	20	4	18	22

資料中「*」部分表示資料是設算的。現由計算得

$$\overline{y}^*_{r,1} = 13.85, \ \overline{y}^*_{r,2} = 14.12,$$

$$\overline{s}^{*2}_{r,1} = 3.38, \ \overline{s}^{*2}_{r,2} = 3.84.$$

因此 $\overline{Y}$ 的估計量為

$$\overline{y}^*_r = 13.99.$$

其變異數估計為 $\widehat{Var}(y^*_r) = 3.66.$

這個例子顯示出，即使在不完整的資料下，我們仍可用傳統的資料方法計算 $\overline{Y}$ 的估計以及估計量的變異數。這就是多重設算的精神之一。

第四節　其他方法

設算的方法除了上面所介紹的幾種方法之外，仍有相當多種。有的必須使用輔助資料，例如迴歸設算法即是一種: 假設收集資料 $\{(x_1, y_1), \cdots (x_m, y_m), (x_{m+1}, ?) \cdots (x_n, ?)\}$. 其中 x 是輔助資料而且完整收集，但 $y_{m+1}, \cdots, y_n$ 的資料遺漏。假如 x 和 y 是線性關係的話，則

1.步驟一: 用資料 $\{(x_1, y_1), \cdots (x_m, y_m)\}$ 及最小平方法去估計關係

$$y = \hat{\alpha}_0^{(0)} + \hat{\alpha}_1^{(0)} x + \varepsilon,$$

ε 為隨機誤差。

2.步驟二: 設算 $y_{m+i}^{*(1)} = \hat{\alpha}_0^{(0)} + \hat{\alpha}_1^{(0)} X_{m+i}.$

3.步驟三: 用資料 $\{(x_1, y_1), \cdots, (x_m, y_m), (x_{m+1}, y_{m+1}^{*(1)}), \cdots, (x_n, y_n^{*(1)})\}$ 及最小平方法去估計關係

$$y = \hat{\alpha}_0^{(1)} + \hat{\alpha}_1^{(1)} x + \varepsilon.$$

重複步驟二、三直到係數估計量收斂為止。假設 $\overline{X}$ 為已知，且設最後收斂的估計量為 $\hat{\alpha}_0$ 及 $\hat{\alpha}_1$，則 $\overline{Y}$ 可用 $\hat{\alpha}_0 + \hat{\alpha}_1 \overline{X}$ 來估計。

　　以上我們談的這些加權調整及設算法均是處理遺漏調整數據的兩個方法。前者主要是針對單位 NR 的情形而用的處理方法，而後者，則是針對項目 NR 的情形來處理。加權調整是單一之全域調整，它可同時彌補所有項目之遺漏反應。而設算法僅是針對某特別項目遺失或未答來處理。因此在應用上所需要的相關資料稍微不一樣。

習　題

1. 考慮應用簡單隨機抽樣設計在一個個數為 N 的母體中抽取 n 個樣本。設僅有 m 個樣本回卷，且每一個被抽入樣本的單位都有相同的回卷機率。試證明:

   (1) 回卷樣本中的樣本平均數 $\tilde{y}$ 是母體平均數的不偏估計量。

   (2) $Var(\tilde{y}|m) = \left(\dfrac{1}{m} - \dfrac{1}{N} \right) S^2.$

   (3) 在此資料結構下， $\tilde{s}^2 = \dfrac{1}{m-1} \sum_{i=1}^{m} (y_i - \tilde{y})^2$ 是 S^2 的不偏估計量，其中 y_i 為回卷樣本中的觀察值。

2. 在處理未回卷的調整法中，什麼是事後分層法（poststratification approach）？什麼是對層加權法（weighting-class approach）？應用的時機為何? 優缺點各如何?

3. 何謂「設算法」（imputation）？舉出二種常用的設算法並說明其理論基礎。

4. 假設完整資料時，我們應用統計量 v 來估計母體特徵值 V，其變異數估計量設為 s_v^2. 在不完整資料下，如何應用多重設算法來估計 V 及該估計量的變異數?

5. 加權調整法及設算法均是處理遺漏數據情況下的調整法，二者有何不同?

第八章　處理敏感問題的隨機反應法

在有關社會、經濟的統計調查中，經常有些問題是牽涉到個人隱私的部分。這些問題通常不容易得到受訪人的合作而回答。此外，即使願意回答時，答案也通常不是真實的答案。例如，一般人對他們的收入都不願意真實作答。其他像非法或不道德的行為也通常是屬於尷尬或敏感的問題。

對於這些敏感的問題，若是直接的調查，其產生的未回卷情形及不真實回答經常使得統計分析失去意義，甚或誤導結論。因此，處理這些敏感問題我們必須特別設計一些調查方法，使一方面能夠保障受訪人的隱私權，另一方面也能夠有效的獲得真實的答案。針對這種需求，Warner（1965）建議使用一種隨機反應法。下面我們將介紹 Warner 的模型及其他類似的方法以處理敏感問題的調查。

第一節　Warner 的隨機反應模型

Warner 考慮的敏感問題其答案只有「是」及「不是」（「有」或「沒有」）二種。例如，「你（妳）有吸食安非他命的經驗嗎？」假如我們將母體內的單位其真實答案為「是」的，劃入為族群 A，其餘劃入族群 A^c，則我們有興趣的問題是估計族群 A 內單位數占母體總單位數

的比例，π_A.

當然，像這種敏感度相當高的問題，若是我們將直接調查的答案拿來做分析，不特別確定答案的真實性或考慮 NR 的情形，則結果通常是偏差相當大，且精確度也會過分低。因此分析結果的可靠性實在令人存疑。

爲了解決敏感問題的困擾，Warner 建議隨機選擇下面二個問題中的一個回答：

(a)你（妳）屬於族群A 嗎?

(b)你（妳）屬於族群 A^c 嗎?

隨機選擇問題(a)回答的機率是 p （事先設計好的值，$0 \leq p \leq 1$，且 $p \neq \dfrac{1}{2}$）. 選擇問題(b)回答的機率是 $1-p$. 受訪人依照設計，隨機選取的問題不必讓調查訪問人員知道。受訪人僅需回答「是」或「不是」即可。因爲訪查人不知道受訪人是回答那一個問題，因此受訪人的隱私權便得到適當的保障。如此，受訪人（不論是針對那一個問題作答）通常較願意合作答覆，且其答案的真實性也較可靠。

隨機選擇問題(a)或(b)的工具有很多種。例如，我們可以使用抽取卡片的方式處理〔譬如 100 張卡片中，$100p$ 張敘述問題(a)，$100(1-p)$ 張敘述問題(b)〕. 受訪人依照抽取到的卡片上的題目作答即可。原則上，工具的選擇以簡單使用，不容易做錯爲主。

因爲 p 值是事先選定好已知的值，所以我們可以用隨機反應所得的資料來估計 π_A. 方法如下：首先我們知道得到「是」答案的機率爲

$$\begin{aligned} \lambda \ &= \pi_A p + (1-\pi_A)(1-p) \\ &= (1-p) + (2p-1)\pi_A. \end{aligned}$$

假設我們簡單隨機抽樣所得的 n 個資料樣本中有 n_1 個資料其答案爲

「是」。則 λ 的比例估計量為

$$\hat{\lambda} = \frac{n_1}{n}.$$

因此 π_A 的不偏估計量為

$$\hat{\pi}_A = \frac{p-1}{2p-1} + \frac{n_1}{(2p-1)n}.$$

此外，其變異數為

$$
\begin{aligned}
Var(\hat{\pi}_A) &= (1-f)\frac{\lambda(1-\lambda)}{n(2p-1)^2}\frac{N}{N-1} \\
&= (1-f)\frac{\pi_A(1-\pi_A)}{n}\frac{N}{N-1} + \\
&\quad (1-f)\frac{1}{n}\left[\frac{1}{16(p-0.5)^2} - \frac{1}{4}\right]\frac{N}{N-1}.
\end{aligned}
$$

當 $p=1$ 時，Warner 的隨機反應變成「直接」反應（即僅就問題(a)回答），則若受訪人誠實回答且沒有 NR 情形時，則 $\hat{\pi}_{AD} = \frac{n_1}{n}$ 即為 π_A 的不偏估計量，其變異數為

$$Var(\hat{\pi}_{AD}) = (1-f)\frac{\pi_A(1-\pi_A)}{n}\frac{N}{N-1}.$$

可知

$$Var(\hat{\pi}_A) - Var(\hat{\pi}_{AD}) = \frac{(1-f)}{n}\left[\frac{1}{16(p-0.5)^2} - \frac{1}{4}\right]\frac{N}{N-1} \geq 0.$$

即 $\hat{\pi}_A$ 的變異數比 $\hat{\pi}_{AD}$ 大。但，記住，因為 n_1 個回答「是」的單位中並非都是誠實回答（即應該答「不是」但答「是」），因此 $\hat{\pi}_{AD}$ 是有偏誤的估計量。此外，NR 率不會為零。因此即使均為誠實作答，一般 $Var(\hat{\pi}_{AD}) > (1-f)\frac{\pi_A(1-\pi_A)}{n}\left(\frac{N}{N-1}\right)$. 由此看來，變異數的增加量

$\dfrac{(1-f)}{n}\left[\dfrac{1}{16(p-0.5)^2}-\dfrac{1}{4}\right]\dfrac{N}{N-1}$ 是爲了確保估計的準確度及減少 NR

率的代價。估計變異數 $Var(\hat{\pi}_A)$ 可用估計量

$$
\begin{aligned}
\widehat{Var}(\hat{\pi}_A) \;&=(1-f)\dfrac{\hat{\lambda}(1-\hat{\lambda})}{(n-1)(2p-1)^2}\\
&=\left\{\dfrac{\hat{\pi}_A(1-\hat{\pi}_A)}{n-1}+\dfrac{1}{n-1}\left[\dfrac{1}{16(p-0.5)^2}-\dfrac{1}{4}\right]\right\}(1-f).
\end{aligned}
$$

處理。 $\widehat{Var}(\hat{\pi}_A)$ 爲 $Var(\hat{\pi}_A)$ 的不偏估計量。

我們現在討論 p 值的選擇。我們已經注意到 $p=1$（或 0）時， $\hat{\pi}_A$ 的估計量其精確度最高，但因爲是「直接」反應，對受訪者而言沒有隱私權的保障。由理論上來看，｜$p-0.5$｜值越大，則估計 π_A 的精確度越大，但隱私權的保障越小。反過來看 $p=0.5$ 時，隱私權的保障最大，但 $\hat{\pi}_A$ 無法定義， π_A 根本無法估計（ $\lambda=0.5$ ，和 π_A 沒有關係）。

第二節　非關係問題（ unrelated-question ）的隨機反應模型

Warner 的做法於實務應用上相當可行。問題是，我們是否可以再做得更好？ Greenberg 等人（ 1969 ）建議一種修正的辦法。他們認爲第一節中的(a)、(b)二個問題其相關性太高。似乎應該是第一，(a)、(b)二個問題中，其中有一個問題(a)和基本問題中族群 A 有關係；第二，剩餘的第二個問題(b)最好和問題(a)沒有關係；第三，問題(a)、(b)的選擇，不能使訪查人看到受訪人的答案後便能大約推斷出他（她）所選取的問題，以保障隱私權。例如，在研究調查中小學生吸食安非他命的情形時，我們有興趣的問題是估計中小學生在過去 6 個月內曾經吸食安非他命的比例 π_A. 隨機反應所考慮的二個問題可以是：

(a)你（妳）在過去 6 個月內曾經吸食安非他命嗎？

(b)你（妳）贊成男女合班上課嗎？

因爲問題(b)和吸食安非他命的行爲沒有關係，答案不會顯露出受訪者是否吸食安非他命，因此我們認爲受訪者的隱私權受到充分的保障。假設針對問題(b)回答「是」的母體比例是 π_Y，且受訪者選擇問題(a)回答的機率是 p（已知），以下我們討論如何估計 π_A.

一、π_Y 已知的情形

首先，和第一節中的討論一樣，我們知道受訪者隨機擇題的反應，其答案爲「是」的機率爲

$$\lambda = p\pi_A + (1 - p)\pi_Y.$$

因此，若我們簡單隨機抽樣所得的資料樣本中有 n_1 個資料其答案爲「是」，則 λ 的比例估計量爲

$$\hat{\lambda} = \frac{n_1}{n},$$

且 π_A 的不偏估計量爲

$$\hat{\pi}_{AU1} = \frac{\hat{\lambda} - (1 - p)\pi_Y}{p}.$$

此外，$\hat{\pi}_{AU1}$ 的變異數爲

$$Var(\hat{\pi}_{AU1}) = \frac{N}{N - 1}(1 - f)\frac{\lambda(1 - \lambda)}{np^2}.$$

其不偏估計量爲

$$\widehat{Var}(\hat{\pi}_{AU1}) = (1 - f)\frac{\hat{\lambda}(1 - \hat{\lambda})}{(n - 1)p^2}.$$

假設 π_Y 已知並非不實際。有時 π_Y 值可由其他研究相關資料中或

普查資料中取得。有時也可由設計問題(b)中自然取得。例如，我們將問題(b)換成：「你沒有超過 20 足歲的哥哥？」，則合理的 π_Y 值應該可由學生基本資料中取得。

二、π_Y 未知的情形

處理這種問題時，首先我們將樣本數 n 分成 n_1 和 n_2 二部分 ($n = n_1 + n_2$)，並選取二個已知的 p_1 和 p_2 值 ($p_1 \neq p_2$)。接著，應用簡單隨機抽樣抽取第一組 n_1 個人，以選擇問題(a)回答機率為 p_1，隨機回答(a)、(b)中的一個問題。其餘 n_2 個人仍以簡單隨機抽樣抽取，以機率為 p_2 隨機反應。如此，第 $i(i = 1, 2)$ 組人，回答「是」的機率為

$$\lambda_i = p_i \pi_A + (1 - p_i)\pi_Y, \quad i = 1, 2.$$

設第 i 組樣本中有 n_{i1} 個人回答「是」，則 λ_i 的不偏估計量為

$$\hat{\lambda}_i = \frac{n_{i1}}{n_i}, \quad i = 1, 2.$$

此外，由 λ_i 和 π_A 及 π_Y 的關係式中，我們自然也可得到 π_A 的不偏估計量：

$$\hat{\pi}_{AU2} = \frac{\hat{\lambda}_1(1 - p_2) - \hat{\lambda}_2(1 - p_1)}{p_1 - p_2}.$$

而且，$\hat{\pi}_{AU2}$ 的變異數為

$$Var(\hat{\pi}_{AU2}) \doteqdot \left(\frac{1 - p_2}{p_1 - p_2}\right)^2 \frac{\lambda_1(1 - \lambda_1)}{n_1} + \left(\frac{1 - p_1}{p_1 - p_2}\right)^2 \frac{\lambda_2(1 - \lambda_2)}{n_2}.$$

後者之不偏估計量為

$$\widehat{Var}(\hat{\pi}_{AU2}) = \left(\frac{1 - p_2}{p_1 - p_2}\right)^2 \frac{\hat{\lambda}_1(1 - \hat{\lambda}_1)}{n_1 - 1} + \left(\frac{1 - p_1}{p_1 - p_2}\right)^2 \frac{\hat{\lambda}_2(1 - \hat{\lambda}_2)}{n_2 - 1}.$$

1. n_1，n_2 及 p_1，p_2 的最佳選擇

我們希望選擇適當的 n_i 及 p_i 使得 $Var(\hat{\pi}_{AU2})$ 最小。由 Cauchy-Schwarz 不等式可知

$$\left\{ \frac{(1-p_2)^2\lambda_1(1-\lambda_1)}{n_1} + \frac{(1-p_1)^2\lambda_2(1-\lambda_2)}{n_2} \right\}(n_1+n_2)$$

$$\geq \left\{ (1-p_2)[\lambda_1(1-\lambda_1)]^{\frac{1}{2}} + (1-p_1)[\lambda_2(1-\lambda_2)]^{\frac{1}{2}} \right\}^2.$$

且上面等式滿足，若且唯若，

$$\frac{n_1}{n_2} = \sqrt{\frac{(1-p_2)^2\lambda_1(1-\lambda_1)}{(1-p_1)^2\lambda_2(1-\lambda_2)}}.$$

由此可見，滿足 $n_1 + n_2 = n$，且使 $Var(\hat{\pi}_{AU2})$ 最小的 n_1 和 n_2 值應滿足上式關係。此外，Greenberg 等人（1969），及 Moors（1971）建議：

(1) $p_2 = 0$.

(2) p_1 越大越好，最好是 0.80 ± 0.1.

　　$p_2 = 0$ 表示第二組的樣本不做隨機反應，僅針對問題(b)回答。這種做法，除了問題(b)無關敏感性之外，且不用做隨機反應，訪查處理較方便執行。決定了 p_1 和 p_2 值之後，若 λ_i 可由過去的資訊大約知道，則也可依結果大略的決定 n_1 和 n_2.

　　2.和 Warner 的結果比較

Dowling 及 Shachtman（1975）得到二個基本的結果：

(1)若 π_Y 為已知，且 $p \in (p_0, 1)$，$p_0 = 0.33933\cdots$，則對任意的 π_A, π_Y，$0 \leq \pi_A, \pi_Y \leq 1$，我們得

$$Var(\hat{\pi}_A) > Var(\hat{\pi}_{AU1}).$$

(2)若依(1)的建議選取 $p_2 = 0$，$p_1 = p$，且 $p \in (p_0^*, 1)$，$p_0^* = \dfrac{(3-\sqrt{5})}{2}$，

則對任意的 $\pi_A, \pi_Y, 0 \le \pi_A, \pi_Y \le 1$，我們得

$$Var(\hat{\pi}_A) > Var(\hat{\pi}_{AU2}).$$

第三節　處理 $d(>2)$ 個可能答案的敏感問題

第一、二節中，我們處理的敏感問題，僅有「是」或「不是」二個可能答案。因此，可以將母體劃分成二個族群 A 及 A^c. 但有些敏感問題其可能答案有 $d(>2)$ 個。例如，在研究單親媽媽的比例問題中，單親媽媽可以分成三個族群: (1)婚後才懷孕者; (2)婚前曾懷孕者; (3)未曾結婚者。

我們現在假設問題的答案可以將母體分成 $A_1, A_2, \cdots, A_d$ 個族群，我們對族群在母體中的比例 $\pi_i, \sum_{i=1}^{d} \pi_i = 1$，有興趣。Abul-Ela 等人（1967）推廣 Warner 的模型，建議受訪者隨機反應以下 d 個問題:

(a_1) 你屬於族群 A_1 嗎?

(a_2) 你屬於族群 A_2 嗎?

$$\vdots$$

(a_d) 你屬於族群 A_d 嗎?

他們另外建議將樣本數為 n 的隨機樣本分成 $d-1$ 組子樣本，其中第 i 組子樣本數為 $n_i, n = \sum_{j=1}^{d-1} n_i$. 並讓第 i 組子樣本的人以 p_{ij} 的機率隨機選取第 j 個題目回答。如此第 i 組樣本中的人回答「是」的機率為

$$\lambda_i = \sum_{j=1}^{d} p_{ij}\pi_j, \quad i = 1, \cdots, d-1.$$

因為 $\sum_{j=1}^{d} \pi_j = 1$，所以可得

$$\sum_{j=1}^{d-1} (p_{ij} - p_{id})\pi_j = \lambda_i - p_{id}, \quad i = 1, \cdots, d-1,$$

或

$$\rho\underset{\sim}{\pi} = \underset{\sim}{\xi}.$$

式中,

$$\rho = \begin{pmatrix} p_{11} - p_{1d} & p_{12} - p_{1d} & \cdots & p_{1(d-1)} - p_{1d} \\ p_{21} - p_{2d} & p_{22} - p_{2d} & \cdots & p_{2(d-1)} - p_{2d} \\ \vdots & \vdots & \ddots & \vdots \\ p_{(d-1)1} - p_{(d-1)d} & p_{(d-1)2} - p_{(d-1)d} & \cdots & p_{(d-1)(d-1)} - p_{(d-1)d} \end{pmatrix},$$

$$\underset{\sim}{\pi} = (\pi_1, \cdots, \pi_{d-1})^T, \underset{\sim}{\xi} = (\lambda_1 - p_{1d}, \cdots, \lambda_{d-1} - p_{d(d-1)})^T.$$

因此, 又可得

$$\underset{\sim}{\pi} = \rho^{-1}\underset{\sim}{\xi}.$$

ρ^{-1} 是 ρ 的反矩陣。

　　假設第 i 個子樣本中有 n_{i1} 的人回答「是」, 則 λ_i 的不偏估計量為 $\hat{\lambda}_i = \dfrac{n_{i1}}{n_i}$, ξ 的不偏估計量為 $\hat{\underset{\sim}{\xi}} = (\hat{\lambda}_1 - p_{1d}, \cdots, \hat{\lambda}_{d-1} - p_{(d-1)d})^T$ 且 $\underset{\sim}{\pi}$ 的不偏估計量為

$$\hat{\underset{\sim}{\pi}} \equiv (\hat{\pi}_1, \cdots, \hat{\pi}_{d-1})^T = \rho^{-1}\hat{\underset{\sim}{\xi}}.$$

$\hat{\underset{\sim}{\pi}}$ 的變異矩陣可由 $\hat{\underset{\sim}{\xi}}$ 的變異矩陣得來。首先, 因為 N 大, 我們可得

$$Var(\hat{\underset{\sim}{\xi}}) \doteq diag(V_{11}, \cdots, V_{(d-1)(d-1)}).$$

式中, $V_{ii} = \dfrac{\lambda_i(1 - \lambda_i)}{n_i}$. 所以, 依理論可知

$$Var(\underset{\sim}{\pi}) = \rho^{-1} Var(\underset{\sim}{\xi})(\rho^{-1})^T.$$

其估計量為

$$\widehat{Var}(\hat{\underset{\sim}{\pi}}) = \rho^{-1} diag(\hat{V}_{11}, \cdots, \hat{V}_{(d-1)(d-1)})(\rho^{-1})^T,$$

式中，$\hat{V}_{ii} = \dfrac{\hat{\lambda}_i(1 - \hat{\lambda}_i)}{(n_i - 1)}$.

例：在一個研究有小孩子的單親母親婚姻前後懷孕比率的調查中。我們考慮受訪者隨機反應下列三個問題：

⑴妳是否婚後才懷孕?

⑵妳是否曾經婚前懷孕?

⑶妳是否未曾結婚?

假設二個子樣本數分別為 $n_1 = 180$，$n_2 = 200$，反應機率分別為 $p_{11} = 0.4$，$p_{12} = p_{13} = 0.3$，$p_{21} = p_{22} = 0.3$，$p_{23} = 0.4$. 則

$$\rho = \begin{pmatrix} 0.1 & 0 \\ -0.1 & -0.1 \end{pmatrix}.$$

$$\rho^{-1} = \begin{pmatrix} 10 & 0 \\ -10 & -10 \end{pmatrix}.$$

若第一組子樣本中隨機反應回答「是」的人數為 $n_{11} = 70$，第二組為 $n_{21} = 61$，則 $\hat{\lambda}_1 = 0.3889$，$\hat{\lambda}_2 = 0.3050$，且 $\hat{\underset{\sim}{\xi}} = (0.0889, -0.0950)^T$. 因此 $\underset{\sim}{\pi} = (\pi_1, \pi_2)$ 的估計量為

$$\hat{\underset{\sim}{\pi}} = (0.889, 0.061)^T.$$

π_3 的估計量為 $1 - \hat{\pi}_1 - \hat{\pi}_2 = 0.050$. 此外，

$$\widehat{Var}(\hat{\underset{\sim}{\pi}}) = \begin{pmatrix} 0.133 & -0.133 \\ -0.133 & 0.239 \end{pmatrix}.$$

所以 $\widehat{Var}(\hat{\pi}_1) = 0.133$, $\widehat{Var}(\hat{\pi}_2) = 0.239$; 另外，因為

$$\widehat{Var}(\hat{\pi}_3) = \widehat{Var}(1 - \hat{\pi}_1 - \hat{\pi}_2),$$

所以

$$
\begin{aligned}
\widehat{Var}(\hat{\pi}_3) &= \widehat{Var}(\hat{\pi}_1) + \widehat{Var}(\hat{\pi}_2) + 2\widehat{Cov}(\hat{\pi}_1, \hat{\pi}_2) \\
&= 0.133 + 0.239 - 2 \times 0.133 \\
&= 0.106.
\end{aligned}
$$

處理 d 個可能答案的敏感問題也可用非關係問題的隨機反應模型來處理。有興趣的讀者可參考 Greenberg 等人（1969）。

第四節　處理定量（quantitative）答案的敏感問題

前面處理的敏感問題其答案均是定性（qualitative）資料。但有些敏感問題的答案是定量屬性的；例如，研究調查某類商店每月營業額數目。因此隨機反應的做法稍有不同。這裡，我們介紹 Greenberg 等人（1971）所建議的非關係問題的隨機反應法。假設 Y_i 代表第 i 個母體單位針對敏感問題的答案；X_i 代表第 i 個母體單位針對非關係問題的答案。假設 p 為受訪人選擇敏感問題的機率，$\overline{Z}$ 代表隨機反應答案下的母體平均數。則

$$\overline{Z} = p\overline{Y} + (1 - p)\overline{X}.$$

因此，若簡單隨機抽樣的樣本在隨機反應的設計下得到資料 $\{z_1, z_2, ..., z_n\}$，則 $\overline{Z}$ 的不偏估計量為

$$\overline{z} = \frac{1}{n} \sum_{i=1}^{n} z_i.$$

且當 $\overline{X}$ 已知時，$\overline{Y}$ 的不偏估計量是

$$\tilde{y}_{(1)} = \frac{\overline{z} - (1-p)\overline{X}}{p}.$$

$\tilde{y}_{(1)}$ 的變異數為

$$Var(\tilde{y}_{(1)}) = (1-f)\frac{S_z^2}{np^2}.$$

式 S_z^2 是母體中變數 Z 的母體變異數。$Var(\tilde{y}_{(1)})$ 的不偏估計量是

$$\widehat{Var}(\tilde{y}_{(1)}) = \frac{(1-f)}{np^2} \cdot \frac{\sum\limits_{i=1}^{n}(z_i - \overline{z})^2}{(n-1)}.$$

若 $\overline{X}$ 未知時，我們可以比照第二節中的方法二，將樣本分成 n_1 和 n_2 二部分。第一組子樣本使用機率為 p_1 的隨機反應，第二組子樣本使用機率 p_2 隨機反應。現假設第 $i(i=1,2)$ 組子樣本的平均數為 $\overline{z}_i$，則 $\overline{Y}$ 的不偏估計量為

$$\tilde{y}_{(2)} = \frac{(1-p_2)\overline{z}_1 - (1-p_1)\overline{z}_2}{p_1 - p_2}.$$

當 N 大，f 小時，其變異數的估計可使用

$$\widehat{Var}(\tilde{y}_{(2)}) = \frac{\dfrac{(1-p_2)^2}{n_1} \cdot \dfrac{\sum\limits_{j=1}^{n_1}(z_{1j} - \overline{z}_1)^2}{n_1 - 1}}{(p_1 - p_2)^2} +$$

$$\frac{\dfrac{(1-p_1)^2}{n_2} \cdot \dfrac{\sum\limits_{j=1}^{n_2}(z_{2j} - \overline{z}_2)^2}{n_2 - 1}}{(p_1 - p_2)^2}.$$

式中，z_{ij} 是代表第 i 個子樣本中的第 j 個答案值。

例: 在一個研究大學生每月花多少錢在喝酒的統計調查中。二組樣本，$n_1 = 20$，$n_2 = 25$，分別以簡單隨機抽樣抽取。受訪人以隨機反應設計回答下面一個問題:

1.在上月裡，你（妳）花多少錢在喝酒?

2.在上月裡，你（妳）花多少錢在購買上課相關的書籍?

假設第一組樣本以機率 $p_1 = 0.6$ 做隨機反應。第二組樣本以機率 $p_2 = 0.4$ 做隨機反應。所得結果如下（單位: 百元）:

第一組樣本: 7, 5, 18, 10, 20, 30, 0, 10, 8, 6, 15, 12, 0, 15, 20, 12, 10, 25, 18, 16.

第二組樣本: 15, 20, 8, 7, 25, 0, 22, 18, 16, 15, 5, 12, 10, 16, 10, 12, 20, 5, 24, 20, 18, 6, 20, 15, 16.

由分析得到 $\bar{z}_1 = 12.85$，$\bar{z}_2 = 14.2$，$\dfrac{\sum\limits_{j=1}^{20} (z_{1j} - \bar{z}_1)^2}{19} = 59.9237$，$\dfrac{\sum\limits_{j=1}^{25} (z_{2j} - \bar{z}_2)^2}{24} = 42.5833$. 因此 $\overline{Y}$（大學生上月平均喝酒的費用）的估計量為 $\tilde{y}_{(2)} = 10.15$，其變異數估計量為 $\widehat{Var}(\tilde{y}_{(2)}) = 33.7790$.

習　題

1. 第一節中討論到 Warner 的隨機反應模型，其中 $\hat{\pi}_A$ 為 π_A 的不偏估計量。試證明 $\widehat{Var}(\hat{\pi}_A)$ 也是 $Var(\hat{\pi}_A)$ 的不偏估計量。

2. 在非關係問題的隨機反應模型中牽涉到 n_1 和 n_2 樣本數的抉擇。試證明最佳的 n_1 和 n_2 選擇應滿足：

   (1) $n_1 + n_2 = n$,

   (2) $\dfrac{n_1}{n_2} = \sqrt{\dfrac{(1-p_2)^2 \lambda_1 (1-\lambda_1)}{(1-p_1)^2 \lambda_2 (1-\lambda_2)}}.$

3. 假設於非關係問題的隨機反應模型中選取 $p_2 = 0$, $p_1 = p$, 且 $p \in (p_0^*, 1)$, $p_0^* = \dfrac{(3-\sqrt{5})}{2}.$ 試證明對任意之 $\pi_A, \pi_Y, 0 \leq \pi_A, \pi_Y \leq 1$, 我們可得

$$Var(\hat{\pi}_A) > Var(\hat{\pi}_{AU2}).$$

4. 在處理定量答案的敏感問題時，若 $\overline{X}$ 未知時，我們可用 $\tilde{y}_{(2)}$ 來估計 $\overline{Y}$. 試提出充分的理由說明 $\widehat{Var}(\tilde{y}_{(2)})$ 可用來估計 $Var(\tilde{y}_{(2)})$.

第九章　估計量的分配及
樣本數之決定

　　一般在抽樣理論的書上很少在不置回式抽樣設計的情形下討論分配
理論。尤其是針對較複雜的機率抽樣所導出的估計量，更是鮮有人討論
其分配理論的性質。Hájek（1960）曾在簡單隨機抽樣的設計下，討論
樣本總數估計量的分配函數。他假設在母體總個數 $N \to \infty$ 且 $n \to \infty$
及 $N - n \to \infty$ 的情形下，保證樣本總數

$$\sum_{i=1}^{n} y_i.$$

的樣本分配函數「大概」像常態分配函數一樣。除此之外，一般較複雜
的機率抽樣所得的估計量，也大都在應用上假設其分配函數為常態。
Cochran（1977）書中有討論到這個常態分配的結果是否合理。若常態
分配可以當成樣本平均 $\bar{y}$ 的分配函數的話，則 $N\bar{y}$ 的分配也可以視為是
常態分配。若是針對比值估計量 $\dfrac{\bar{y}}{\bar{x}}$ 而言，一般的結論是，假設樣本數
n 大，且 $\bar{x}$ 及 $\bar{y}$ 的變異係數同時均小於 10% 時，則 $\dfrac{\bar{y}}{\bar{x}}$ 的分配函數可以
視為是常態分配。在較複雜的機率抽樣設計下，Scott 及 Wu（1981）也
證明：$\dfrac{\bar{y}}{\bar{x}}$ 在大樣本情況下，其分配是像常態分配一樣的。

第一節　抽樣的設計效應
(design effect, deff)

　　機率抽樣的設計效應是泛指統計量 v 在此抽樣設計的情形下的變異數和在簡單抽樣設計情形下的變異數的比值。例如，在估計母體平均數 $\overline{Y}$ 時，我們假設複雜機率抽樣設計中母體元素 Y_i 被抽入樣本的機率為 fq_i（在簡單隨機抽樣中 $q_i = 1$），則估計量 v 通常意指

$$\overline{y}_p = \frac{1}{n} \sum_{i=1}^{n} \frac{y_i}{q_i^*}.$$

（為加權平均數，簡單隨機抽樣情形下，$\overline{y}_p = \overline{y}$）；式中 fq_i^* 是樣本 y_i 所對應的機率權數，且 $f = \dfrac{n}{N}$（參考第四章或第七章的討論，$\overline{y}_p$ 是 $\overline{Y}$ 的不偏估計量）．因此

$$deff = \frac{nVar(\overline{y}_p)}{(1-f)S^2}.$$

我們若是知道 $deff$ 值時，則變異數 $Var(\overline{y}_p)$ 也可寫成

$$Var(\overline{y}_p) = \frac{(1-f)S^2}{\dfrac{n}{deff}}.$$

因此，以簡單隨機抽樣為基礎，這個量 $\left(\dfrac{n}{deff}\right) = n'$ 可以視為是有效樣本數（effective sample size）。意思是說，假如要求估計的精確度是一樣的話，則應用樣本數為 n 的較複雜機率抽樣的效果和應用簡單隨機抽樣設計但樣本數為 n' 的效果是相同的。

　　由過去一些抽樣設計的結果，我們有時會知道 $deff$ 的值（Kish, 1965）。一般說來，$deff$ 值在分層抽樣的情形下大都小於 1，但在群集抽樣設計下，大部分均大於 1.

通常，在較複雜的抽樣設計下，$Var(\overline{y}_p)$ 較不易求得也較難估計（尤其是對非專業人員而言）但是，若由過去的資訊我們大致可以知道 $deff$ 的值以及母體變異數 S^2 的值時，則由公式我們也大約也可推算出 $Var(\overline{y}_p)$ 的值。此外，由於

$$E(n\overline{y}_p) = fY,$$

且在 n 大時，

$$s_p^2 = \frac{\left\{ \sum\limits_{i=1}^{n} \frac{y_i^2}{q_i^*} - \frac{1}{n}\left(\sum\limits_{i=1}^{n} \frac{y_i}{q_i^*} \right)^2 \right\}}{(n-1)}.$$

大約滿足 $E(s_p^2) \doteqdot S^2$. 因此在 S^2 未知時，Kish（1965）建議應用加權的樣本變異數 s_p^2 來估計 S^2，而且用

$$\frac{(1-f)S_p^2}{n'}.$$

來估計 $Var(\overline{y}_p)$. 在簡單隨機抽樣設計下 $q_i = 1$，因此上式即為 $Var(\overline{y})$ 的不偏估計量。但在較複雜的機率抽樣設計下，上式的估計仍有偏差，惟當 n 大時，其偏值是可以忽略的。

第二節　區間估計

前面的各章節中，我們主要討論的是點估計。假如點估計以及精確度要綜合考量的話，則我們一般是應用「信賴區間」的觀念。假設 v 是我們考慮的統計量，可以用來估計母體特徵值 V，且假設 v 的分配大致像常態分配一樣，則 V 的 $100(1-2\alpha)\%$ 信賴度情形下的信賴區間為：

$$v \pm z_\alpha \{SE(v)\}.$$

式中 z_α 滿足

$$P_r(|Z| \leq z_\alpha) = 1 - 2\alpha \text{（見圖 9–1 ）},$$

Z 為標準常態分配，且 $SE(v)$ 為 v 的標準差的估計量。這個結果表示，未知的母體特徵值 V 落在信賴區間的機率（信賴度）為 $100(1 - 2\alpha)\%$. 一般 α 的選擇值為 0.025.

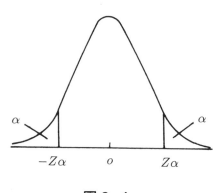

圖 9–1

一、簡單隨機抽樣下的信賴區間

假設在簡單隨機抽樣下我們抽取 n 個樣本來估計母體的平均數 $\overline{Y}$，則應用常態分配的結果可得信賴度為 $100(1 - 2\alpha)\%$ 的 $\overline{Y}$ 信賴區間為：

$$\overline{y} \pm \frac{z_\alpha s}{\sqrt{n}}(\sqrt{1 - f}).$$

同理，母體總數 Y 的信賴區間為

$$N\overline{y} \pm \frac{z_\alpha N s}{\sqrt{n}}(\sqrt{1 - f}).$$

此外，當樣本數 n 大時，母體比例 P 的信賴區間為

$$p \pm z_\alpha \left\{ \frac{\sqrt{p(1-p)}}{n - 1} \cdot \sqrt{1 - f} + \frac{1}{2n} \right\}.$$

式中 p 爲樣本比例，而 $\dfrac{1}{2n}$ 爲連續分配函數的調整值（continuity correction factor）。P 的信賴區間也可由下面結果導出。首先，我們利用結果：

$$Var(p) \doteqdot \frac{P(1-P)}{n}.$$

因此

$$P_r\left(-z_\alpha \le \frac{p-P}{\sqrt{\dfrac{P(1-P)}{n}}} \le z_\alpha \right) \doteqdot 1 - 2\alpha.$$

所以集合 $A = \left\{ t : -z_\alpha < \dfrac{p-t}{\sqrt{\dfrac{t(1-t)}{n}}} < z_\alpha, \quad 0 < t < 1 \right\}$ 可以視爲 P 的 信賴區間。集合 A 可以寫成：$A = [\, p_0,\ p_1 \,]$，且 $p_0,\ p_1$ 爲下列二次方程式的根：

$$n(p-t)^2 = z_\alpha^2 \, t(1-t).$$

一般說來，信賴區間 $[\, p_0,\ p_1 \,]$ 比區間 $p \pm z_\alpha \left\{ \sqrt{\dfrac{p(1-p)}{n-1}(1-f)} + \dfrac{1}{2n} \right\}$ 的信賴度要接近我們設計的 $100(1-2\alpha)\%$ 值。最後，當我們用樣本比值 $r = \dfrac{\overline{y}}{\overline{x}}$ 估計母體比值 $R = \dfrac{Y}{X}$ 值時，母體比值 $R = \dfrac{\overline{Y}}{\overline{X}}$ 的信賴區間爲

$$r \pm z_\alpha \sqrt{\frac{1}{\overline{x}^2}\left\{ \frac{1-f}{n} \sum_{i=1}^n \frac{(y_i - r x_i)^2}{n-1} \right\}}.$$

這個信賴區間較方便使用，其他較複雜的信賴區間，可參考 Cochran（1977）。

二、偏差（bais）對信賴區間的影響

前面幾個小節中主要討論的是，如何應用不偏（或接近不偏）的估

計量去建立母體特徵值的信賴區間。但當樣本有未回卷的情況發生時，這些估計量都會產生不可忽略的偏差。因此，上面所討論的信賴區間有必要再做調整。

假設我們有估計量 v，對母體特徵值 V 做估計時產生偏差值 b；即 $E(v) = V + b$. 此時，應用常態分配的結果我們可以導出，V 的信賴區間 $v \pm z_\alpha \{SE(v)\}$ 的信賴度應為

$$p_r \left(-z_\alpha - \frac{b}{SE(v)} \leq Z \leq z_\alpha - \frac{b}{SE(v)} \right) \neq 1 - 2\alpha \text{（見圖9-2）},$$

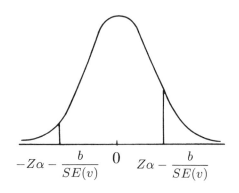

$$-Z\alpha - \frac{b}{SE(v)} \qquad 0 \qquad Z\alpha - \frac{b}{SE(v)}$$

圖 9-2

因此可知，若是 $\frac{b}{SE(v)}$ 小時（譬如 $b < 0.1 \cdot SE(v)$ 時），則信賴度應該接近於 $100(1-2\alpha)\%$. 此時偏差並不對信賴區間產生影響。偏差值 b，一般來講，較難以計算，但大概的 $\left\{ \frac{b}{SE(v)} \right\}$ 值可能較容易估計。因此概略的 $\left\{ \frac{b}{SE(v)} \right\}$ 值有助於我們判斷信賴區間是否受到估計偏差的影響。此外，若是偏差值可以用 $\hat{b}$ 估計的話，信賴區間應調整為：

$$v - \hat{b} \pm z_\alpha \{SE(v)\}.$$

三、未回卷對信賴區間的影響

我們在第六章讀到，未回卷會引發估計母體比例時產生偏差的問題。因此，若是 NR 比率較大時，即會對信賴區間產生相當的影響。假設 N 個母體元素中，我們可以將其劃分爲會回卷的子母體 A_1 及不會回卷的子母體 A_2，其中子母體 A_1 中有 N_1 個元素，子母體 A_2 中有 N_2 個元素($N = N_1 + N_2$). 另外，假設 P 爲母體中元素滿足某種特徵（例如，有吸毒經驗）的比例，P_i 爲子母體 A_i 中元素滿足同樣特徵的比例。則:

$$P = \frac{(N_1 P_1 + N_2 P_2)}{N}.$$

若抽樣調查的回收數爲 n_1，且 p_1 爲回收樣本中的樣本比例，則依第二節中一、簡單隨機抽樣下的信賴區間的結果，我們可得二次方程式

$$n_1(p_1 - t)^2 = z_\alpha^2 t(1 - t).$$

的根 p_{10} 及 p_{11}，來構成 P_1 的信賴區間 $[\, p_{10}, \, p_{11} \,]$. 顯然的，若對 P 而言此區間的信賴度不會接近 $100(1 - 2\alpha)\%$（除非 $P_1 = P_2$）. 不過，可確定的是，因爲

$$p_{10} \leq P_1 \leq p_{11}$$

$$\iff \quad \frac{N_1 p_{10} + N_2 P_2}{N} \leq P \leq \frac{N_1 p_{10} + N_2 P_2}{N}$$

$$\implies \quad \frac{N_1 p_{10}}{N} \leq P \leq \frac{N_1 p_{11} + N_2}{N}$$

$$\implies \quad P_r \left(\frac{N_1 p_{10}}{N} \leq P \leq \frac{N_1 p_{11} + N_2}{N} \right) \geq 1 - 2\alpha.$$

所以，應用 $\left[\dfrac{N_1 p_{10}}{N}, \, \dfrac{N_1 p_{11} + N_2}{N} \right]$ 爲 P 的信賴區間的話，我們可知其信賴度（大約）至少爲 $100(1 - 2\alpha)\%$. 注意，這個信賴區間也許太過保守（因爲區間長度過大），以致沒有什麼實用價值。究其原因，主要是我們完全沒有關於 P_2 值的資訊。若是我們可以由其他資訊來源得知 P_2

的範圍，例如知道 $p_{20} \le P_2 \le p_{21}$，則依同樣的原理。我們可用：

$$\left[\frac{N_1 p_{10} + N_2 p_{20}}{N}, \ \frac{N_1 p_{11} + N_2 p_{21}}{N} \right].$$

當成 P 的信賴區間。此區間的信賴度（在 N 大時）也至少爲 $100(1 - 2\alpha)\%$. 由此看來，p_{20} 愈靠近 p_{21} 時（即 P_2 的相關資訊愈明確時），區間長度愈小，而區間的實用性也就愈大。這就是爲什麼有相當多的人會花很多的功夫想去了解未回卷子母體行爲的原因。

四、複雜抽樣設計下的信賴區間

在複雜的抽樣設計下，我們依第一節中的假設，用 $\overline{y}_p$ 來估計母體平均數 $\overline{Y}$，且其變異數 $Var(\overline{y}_p)$ 的估計量爲 $\left(\frac{1-f}{n'} \right) s_p^2$，式中 $n' = \frac{n}{deff}$ 爲有效的樣數。因此在常態分配函數的理論下得知：

$$\overline{y}_p \pm z_\alpha \sqrt{\frac{1-f}{n'}} s_p.$$

爲 $\overline{Y}$ 的信賴區間，其信賴度大約爲 $100(1 - 2\alpha)\%$. 此外，在較不複雜的抽樣設計下，若是我們可以依第四章的結果直接得到 $Var(\overline{y}_p)$ 的估計量 $\widehat{Var}(\overline{y}_p)$ 時，則

$$\overline{y}_p \pm z_\alpha \sqrt{\widehat{Var}(\overline{y}_p)}.$$

也可視爲 $\overline{Y}$ 的信賴區間。

以上的結果主要是針對較簡易的估計量 $\overline{y}_p$ 而言。若是估計量也相當複雜時（例如，樣本比值或迴歸估計量等），則其變異數的估計也更爲複雜。解決之道，似可考慮應用「再抽法」（resampling method，見 Efron, 1989）。首先假設估計母體特徵值 V 的統計量爲 v，再抽法的主張是將樣本隨機分成 k 等分的子樣本，因此每個子樣本的個數爲 $m = \frac{n}{k}$. 讓 $v_{(i)}$ 表示爲應用第 i 個子樣本所得到 v 統計量的值，且定義：

$$\overline{v} = \frac{1}{k} \sum_{i=1}^{k} v_{(i)},$$

$$s_v^2 = \frac{1}{k(k-1)} \sum_{i=1}^{k} (v_{(i)} - \overline{v})^2.$$

再抽法的理論認爲：$\dfrac{(\overline{v} - V)}{s_v}$ 的分配函數應該像自由度爲 $(k-1)$ 的 t 分配 $t_{(k-1)}$ 一樣。因此，V 的信賴區間應爲

$$\overline{v} \pm t_{(k-1), \alpha} s_v.$$

式中，$t_{(k-1), \alpha}$ 滿足 $P_r(-t_{(k-1), \alpha} \le t_{(k-1)} \le t_{(k-1), \alpha}) = 1 - 2\alpha.$ 因此，區間的信賴度約爲 $100\%(1 - 2\alpha).$ 再抽法還有其他的變化理論，讀者可參考 Efron（1989）的書。

第三節　樣本數的估計

　　抽樣調查樣本數的估計是在統計調查的計畫階段中就要做的事情。樣本數的大小原則上是取決於調查資源的多寡，估計量精確度大小的要求以及未回答比率的高低。

一、估計母體平均數及總數

　　我們首先考慮簡單隨機的抽樣的情形。假設我們希望估計量 $\overline{y}$ 和真值 $\overline{Y}$ 的差異大於 d 的機率不超過 2α 值（d 和 α 均爲事前所決定選取的值）。此即表示我們希望，

$$P_r(|\overline{y} - \overline{Y}| \ge d) \le 2\alpha.$$

爲此，由理論可導出 d 必須至少滿足

$$d \ge z_\alpha \sqrt{\frac{1-f}{n} S^2},$$

或

$$\frac{nN}{N-n} \ge \frac{z_\alpha^2 S^2}{d^2}$$

$$\Longleftrightarrow \quad n \ge \left(\frac{z_\alpha S}{d^2}\right)^2 \Big/ \left\{1 + \frac{1}{N}\frac{z_\alpha^2 S^2}{d^2}\right\}.$$

由此結果看來，若 S^2 為抽樣之前便已知，則樣本數應至少爲大於

$$\left(\frac{z_\alpha S}{d}\right)^2 \Big/ \left\{1 + \frac{1}{N}\frac{z_\alpha^2 S^2}{d^2}\right\}.$$

的整數。決定 S^2 的值的方法可考慮下列幾種方式:

1.使用其他的類似調查所得到的母體變異數的估計量。

2.由試查的資料去估計 S^2，例如先試查 n_0 個樣本，然後由此樣本去估計 S^2，決定最小的 n 值，最後再抽取剩餘的 $n-n_0$ 個樣本。

3.若母體內的元素值的分配像常態分配，且母體元素值的全距（range）h 大概已知時，則可用 $\frac{h^2}{36}$ 估計 S^2.

要求 $|\overline{y} - \overline{Y}| \le d$ 和要求 $|N\overline{y} - Y| \le Nd$ 是一樣的效果。因此若是我們要求估計量 $N\overline{y}$ 和母體總數 Y 之間差異大於 Nd 的機率不超過 2α 值的話，則上面的結果也可以用來估計最低的樣本數。問題是，調查研究者（單位）是否有足夠的資源去抽取這麼多的樣本。

上面的討論是要求估計的絕對誤差不大於 d 的情形。有時，我們估計效力的要求是希望相對誤差 $\left|\frac{(\overline{y} - \overline{Y})}{\overline{Y}}\right| \ge c$ 的機率不超過 2α 值。在此情形，我們用類似的辦法得出樣本數 n 應該滿足

$$n \ge \frac{\left(\frac{z_\alpha S}{d\overline{Y}}\right)^2}{\left\{1 + \frac{1}{N}\left(\frac{z_\alpha S}{d\overline{Y}}\right)^2\right\}}.$$

式中的未知量 $\dfrac{S}{\overline{Y}}$ 是所謂的變異係數（coefficient of variation），其母體值一般的看法是比 S^2 更容易估算。

在較複雜的抽樣設計下以及使用較複雜的估計量 $\overline{y}_p$ 時，如何決定樣本數 n？由第一節的結果我們得知若要求 $P_r(|\overline{y}_p - \overline{Y}| \geq d) \leq \alpha$，則在 N 大時，n 需滿足

$$\frac{n}{deff} \geq \left(\frac{z_\alpha S}{d\overline{Y}}\right)^2.$$

$$\Longleftrightarrow \quad n \geq (deff)\left(\frac{z_\alpha S}{d\overline{Y}}\right)^2.$$

因此，若知道設計效應 $deff$ 值時，則樣本數也大約可以估算。

二、估計母體比例

當估計母體比例時，樣本平均數 $\overline{y} =$ 樣本比例 p，且 $\overline{Y} = P$. 因此當我們要求 $P_r(|p - P| > d) < 2\alpha$ 時，則樣本數 n 應滿足

$$n \geq \frac{z_\alpha^2 NP(1-P)}{(N-1)d^2 + z_\alpha^2 P(1-P)}.$$

若要求 $P_r\left(\left|\dfrac{p-P}{P}\right| > c\right) < 2\alpha$ 時，則 n 應滿足

$$n \geq \frac{z_\alpha^2 N(1-P)}{(N-1)c^2 P + z_\alpha^2(1-P)}.$$

在這二種情形下，計算起碼的樣本數時，我們均須要知道 P 值。一個可能的解決辦法是，在 P 值的可能範圍內，試著代入不同的 P 值，求起碼的 n 值。然後看這些 n 值的變化，試著取可以接受的 n 值來做樣本數。

三、其他一般原則

1.母體中有些子母體，經常也是我們刻意調查的對象（例如，男生吸毒的比例，女生吸毒的比例等）。假如我們對個別的子母體特徵值的

估計分別有精確度的要求，則我們可以依前面的辦法分別求得起碼的樣本數。這些樣本數的和即是我們所要取的總樣本數。

2.對一個統計調查而言，我們要估計的母體特徵值決不會只有一個（l 個問項的調查中有 l 個母體特徵值）。雖然對每一個母體特徵值，我們都可以估算一個樣本數，惟由於這個樣本數通常過大，因此做法不切實際。較實際的做法是，配合能夠使用的資源，選擇 $k(\leq l$ ）項重要的特徵值來估算樣本數，然後取其最大值爲最終取樣的數目。

3.估計樣本數時也應適當的考慮未回卷率。若是我們認爲回卷率約爲 p^* 值時，且 n 爲估算的樣本數，則我們建議取 $n^* = \dfrac{n}{p^*}$ 個樣本。

4.若是簡單隨機抽樣設計下估算樣本數爲 n' 時，則複雜的抽樣設計下應取 $n' \cdot (deff)$ 個樣本。

習　題

1.解釋何謂

  ⑴抽樣的設計效應?

  ⑵ $\dfrac{n}{deff}$?

2.在簡單隨機抽樣設計下，假若我們希望樣本平均數 $\overline{y}$ 和母體平均數 $\overline{Y}$ 間的差異大於 d 的機率不超過 2α（d 和 α 已知），則樣本數應至少取多大? 為何在其他複雜的抽樣設計下，我們如何決定樣本數呢?

3.在樣本數 $n = 150$ 的簡單隨機抽樣下，假設有 125 位受訪者表示贊成總統直選。試問在 95% 信賴度的要求下，贊成總統直選比例的信賴區間為何? 結論在什麼假設前提下成立?

第十章 抽樣方法在國內外之應用

　　抽樣方法在國內外之應用十分廣泛，我國政府機關、學術機構及公民營企業單位都有所運用。本章僅列舉 5 個專例供參考。

第一節　汽車旅館業的調查

一、調查目的

　　美國汽車協會（American Automobile Association，AAA）希望了解和協會有合約的汽車旅館是否願意提供他們會員出外旅行或出差時事前訂床位的服務。問卷隨同協會會長的私人信函送出去給業主，一方面解釋未來可能使用的訂位系統，另一方面希望了解業主是否能接受這樣的系統。爲了解釋方便，我們僅針對其中的一個問項：「你／妳是否經常被要求提供訂床位的服務？」分析。

二、調查機關

　　由座落於華盛頓特區的 AAA 總部負責調查。

三、調查對象

　　全美國國內和 AAA 有合約的汽車旅館爲調查的對象。母體底冊是由總部辦公室的資料卡組成。資料卡存放在 172 個公文櫃中，每個櫃子內約有 64 份資料卡。注意這個底冊母體和目標母體稍有不同，主要的

原因是有些新簽約的汽車旅館資料尚未送到總部。此外，有些結束合約的汽車旅館，其資料尚未拿掉。而且有些資料卡是空白的。

表 10-1

櫃號	子 樣 本									
	1	2	3	4	5	6	7	8	9	10
1	23	05		38	11	43		36	07	61
2		57	09		25	11	15		36	35
3	04	24		02	16	44		55	26	
4		01	25	28		53	11	07	09	33
172	39		53		63	62		03	28	

四、調查方法

以郵寄訪問為主，然後再以面對面訪問配合。問卷寄出之後的第10日及第17日分別再以信函催交回卷。若第24日後仍沒有回答的話，則即確定所抽的樣本未回卷。接著，於未回答的部分，隨機抽取 $\frac{1}{3}$ 的樣本施以面訪調查。整個調查約於2個月內結束。

五、抽樣方法及樣本數

由於總部資源的限制，原則上樣本數不超過 1,000。但由於一些原因，最後的樣本數為 854. 抽樣方法採雙重抽樣法（double sampling）：首先，每個櫃子中隨機抽取10個樣本，然後於未回卷部分中再隨機抽取 $\frac{1}{3}$ 樣本進行面訪調查。櫃中之資料卡分別以 1 到64 表示。表 10-1 是隨機抽樣取到的資料卡，空白欄位表示卡片上沒有資料。被取到的樣

本再隨機分成 10 個子樣本。因此 10 個子樣本可視爲互相獨立。

六、調查結果

　　針對問項「你（妳）是否經常被要求提供訂床位的服務？」，在郵寄調查階段，我們基本上考慮 5 種調查的結果：⑴經常，⑵偶而，⑶沒有，⑷無法確定，⑸未回卷。結果如表 10-2。表 10-3 是面訪調查所得到的資料。表10-4 的結果是表 10-3 中的數字乘以 3 倍〔見第六章第二節的四(b)〕後加入表10-2 的結果。

表 10-2　郵寄調查結果

表內數字表示人數

子樣本	經常	偶而	沒有	無法確定	未回答	總人數
1	16	40	17	2	19	94
2	20	30	17	3	15	85
3	18	35	16	1	15	85
4	17	31	14	2	16	80
5	14	32	15	3	18	82
6	15	32	12	4	16	79
7	19	30	17	3	17	86
8	13	37	11	3	18	82
9	19	39	19	2	14	93
10	17	39	15	2	15	88
全部樣本	168	345	153	25	163	854

　　讓母體的比率 P 表示「偶而或沒有」的比例，因此

$$P = \left[\frac{（偶而＋沒有）}{（經常＋偶而＋沒有）}\right] \times 100\%$$

P 的計算中沒有考慮「無法確定」及「未回答」的部分。主要是，人數不多，且最後未回卷的原因大部分是由於業主生病，或外出無法訪問到，或旅館休業等。所以可視數據爲「完全隨機遺漏」的情形。因此 P

表 10-3 面訪結果

表內數字表示人數

子樣本	經常	偶而	沒有	未回答	總人數
1	1	2	2	1	6
2	1	2	1	1	5
3	2	2	0	1	5
4	2	1	2	0	5
5	1	3	1	2	7
6	2	2	0	1	5
7	1	3	1	1	6
8	1	2	1	2	6
9	2	2	1	0	5
10	1	2	0	2	5
全部樣本	14	21	9	11	55

對母體的估計，基本上是不偏的估計（參考第七章）。此外，假設 P_i 表示第 i 個子樣本的比例，則 $\frac{1}{10}\sum_{i=1}^{10} P_i = \bar{p} = 73.65$，而且

$$\frac{1}{10.9}\sum_{i=1}^{10} (P_i - \bar{p})^2 = 1.14.$$

因此由「再抽法」的理論（第九章第二節）得知，用 73.65% 估計母體中「偶而或沒有」的比例，其變異數的估計量約為 1.14. 而 90% 信賴度的信賴區間應為

$$73.65\% \pm (2.262\sqrt{1.14})\%,$$

或

$$73.65\% \pm 2.4\%.$$

式中 2.262 為 $t_{9,0.05}$ 值。

表 10-4　最終調查結果

子樣本	經常	偶而	沒有	p	無法確定	未回答	總人數
1	19	46	23	78.4	2	3	93
2	23	36	20	70.9	3	3	85
3	24	41	16	70.4	1	3	85
4	23	34	20	70.1	2	0	79
5	17	41	18	77.6	3	6	85
6	21	38	12	70.4	4	3	78
7	22	39	20	72.8	3	3	87
8	16	43	14	78.1	3	6	82
9	25	45	22	72.8	2	0	94
10	20	45	15	75.0	2	6	88
全部樣本	210	408	180	73.7	25	33	856

第二節　區域立法委員選舉民意調查

一、調查目的

　　了解臺北市區域立法委員選舉選民的態度，並預測投票率及候選人的得票率。

二、調查日期

　　民國 75 年 12 月 2 日下午 6 時至 9 時（選舉日期爲 12 月 6 日）。

三、調查單位

　　淡江大學，由當時統計系主任張紘炬主持。

四、調查母體

　　臺北市選民 1,429,183 人。

五、抽樣方法

　　分層系統抽樣法，以選民性別，行政區及查訪時選民是否在家三者

採事後分層。選民特性依性別、年齡、籍貫、黨籍、教育程度及行政區人數分配。抽樣數之決定，係以任一選民特性比例 P 與其估計 $\hat{p}$，依下式計算：

$$當 p = 0.5 時，\quad P(|\hat{p} - p| < 0.03) > 0.95.$$

得到樣本數 $n = 1067$，實際選擇選民數為 1094 人。

六、調查方法

兼用電話訪問及人員訪問。利用問卷以人員訪問在市區而未回家的選民，而以電話抽訪在家的選民。

七、分析方法

依下列三類選民予以分析：

1.甲類：已決定給票對象者（占 43.0%，471 人）。

甲一類 —— 肯透露給票對象者（226 人）。

甲二類 —— 不肯透露給票對象者（245 人）。

2.乙類：未決定給票對象，但會去投票者（占 38.4%，420 人）。

3.丙類：不去投票者（占 18.6%，203 人）。

對甲二類及乙類選民，必須用問卷技巧誘導出他們的給票對象特徵，依對象之黨別、年齡、學歷、職業、資歷、性別等項，估計得票之分配。

八、調查結果

調查結果如表 10–5 所示，本調查在選舉 4 天前預測結果，與實際結果比較，當選人選全對，僅當選順序略有出入。

表 10-5　估計選舉結果與實際結果之比較

候選人	估計得票率（甲）	順序	實際得票率（乙）	順序	誤　差（甲）-（乙）	是否當選
1.康寧祥	*2.89（%）		14.76	2	—	是
2.洪文棟	9.64	3	8.94	4	0.70	是
3.林鈺祥	9.23	4	8.13	8	1.10	是
4.陳鴻銓	5.13		8.04		-2.91	
5.楊實秋	0.48		0.29		0.19	
6.陳文祥	0.62		0.15		0.47	
7.紀　政	9.24	5	9.33	3	-0.09	是
8.陳臺光	0.46		0.13		0.33	
9.扶忠漢	0.80		0.39		0.41	
10.簡又新	14.45	2	8.83	5	5.62	是
11.方景鈞	0.52		0.19		0.33	
12.江侃士	0.91		0.19		0.72	
13.謝長廷	*4.14		7.74		—	
14.吳淑珍	*0.98		8.77	7	—	是
15.趙少康	16.23	1	15.29	1	0.94	是
16.黃書瑋	8.19	6	8.82	6	-0.63	是

1.康寧祥 ┐
13.謝長廷 ├ 共同票 *16.09
14.吳淑珍 ┘

合計	100.00		100.00			
	估計投票率 62.20%		實際投票率 65.09%		誤差 -2.89%	

註：1.實際有效票數 913,339 票，廢票 16,830 票。
　　2.估計得票率為民國 75 年 12 月 2 日下午 6 時至 9 時蒐集資料，12 月 3 日凌晨 3 時左右完成分析工作，並提供參考運用，投票日為 12 月 6 日，故最後選舉結果受 4、5 兩日競選活動之影響。

第三節　臺灣地區家庭收支調查

一、調查目的

1.爲明瞭臺灣地區各階層人民生活實況，生活水準之演變，以爲施政決策之張本。

2.爲明瞭臺灣地區各家庭之收支狀況，以爲研究個人所得分配及估計民間消費支出之依據。

3.爲編製消費者物價指數，提供有關查價項目及其權數之基本資料。

4.分析農家售、購物品量質，以應編製農民所得與所付物價指數選擇商品項目及其權數之需。

二、調查機關

由臺灣省、臺北市及高雄市政府主計處辦理調查，行政院主計處彙整全國資料。

三、調查地區

臺灣地區全域，以戶爲抽樣及調查單位。

四、調查方法

訪問調查。

五、抽樣方法及樣本數

採「分層二段隨機抽樣法」，以臺灣省各縣市及臺北市、高雄市各區爲子母體，第一段以村里爲抽樣單位，抽出率20%，樣本村里內之戶爲第二段抽樣單位，平均抽出率爲 1.7%. 總抽出率約爲3.4%，計臺灣地區共選出樣本16,434 戶。其中臺灣省12,734 戶，臺北市 2,500 戶，高雄市 1,200 戶。

六、調查結果

1.民國 81 年臺灣地區家庭所得型態之分配，以薪資所得占 61.24% 爲最高，混合所得占 18.79%，財產所得占 14.14 %，移轉所得占 5.83%.

2.民國 81 年每戶家庭可支配所得 639,696 元，較民國 80 年 587,242 元增加 8.93%.

3.民國 81 年平均每戶可支配所得 639,696 元，變異係數爲 1.65%，標準差爲 10,536 元，其 95% 信賴度之信賴區間爲（619,045， 660,347）。平均每戶家庭消費支出爲 445,220 元，變異係數爲 1.64%，標準差爲 7,314 元，其 95% 信賴度之信賴區間爲（430,885， 459,555）。

4.民國 81 年各縣市平均每戶家庭可支配所得排名如下（表 10-6）：

表 10-6　民國 81 年平均每戶家庭可支配所得

縣市別	臺北市	臺中市	新竹市	臺北縣	高雄市	桃園縣	嘉義市	新竹縣
平均每戶可支配所得（元）	834,113	726,989	646,409	657,256	691,375	617,823	625,735	644,457

縣市別	臺南市	基隆市	苗栗縣	臺中縣	高雄縣	彰化縣	屏東縣	花蓮縣
平均每戶可支配所得（元）	628,475	678,840	572,385	683,078	533,602	530,228	570,152	567,327

縣市別	南投縣	宜蘭縣	澎湖縣	臺南縣	雲林縣	臺東縣	嘉義縣	臺灣地區
平均每戶可支配所得（元）	514,608	579,453	420,369	522,471	436,644	471,859	442,094	639,696

第四節　民眾對政府滿意程度調查

一、調查沿革

　　民主政治即民意政治，一個國家民主政治的發展，往往與其社會脈動與民意歸趨有著密切關係。因此，爲了確實掌握民眾意願，政府必須定期舉辦民意調查，並將分析結果作爲施政的參考。行政院研究發展考核委員會有鑒於此，曾於民國 67 年 8 月、69 年 2 月、 70 年 4 月、12 月、72 年 12 月、74 年 12 月、75 年 12 月先後舉辦 7 次大規模的民意調查，以了解民意結構及選民行爲，並將歷次調查結果分送有各關機關作爲施政的重要參考。民國 78 年 1 月舉辦了第 8 次民意調查，並將所得結果與歷次調查結果相互印證。

二、研究設計

1.研究架構

本項調查之研究架構係以「對施政政策及各類公務人員之滿意程度」、「對各級政府之滿意程度」為主要分析對象（相依變數）；而以「社會背景」、「社會及政治參與」及「社會階層的自我認定」為影響民眾態度及滿意度的因素（獨立變數）。本調查之問卷設計，即依據各變數間的關係演繹發展而成。

2.抽樣方法及程序

本項調查樣本之抽選，採分層系統抽樣法，自臺澎地區抽取 3,000 名 20 歲以上公民為分析樣本。另為因應各縣市單獨分析之需，增抽各縣市樣本數至 150 人以上，故總調查樣本數達 4,325 人。抽樣程序主要包括以下兩階段：

⑴決定樣本鄉（鎮、市、區）及村（里）：運用行政院主計處勞動力調查母體檔資料，自各縣市各分層（依都市化程度與行業型態分為 24 層）中依其母體大小比例應用系統抽樣法抽出應調查之鄉（鎮、市、區）後，再依同一方法抽選村（里）。

⑵系統抽選訪問樣本：再運用臺灣省家庭計畫研究所之鄉里人口資料，自每樣本村（里）中間隔抽取 3 個樣本鄉，並委請臺灣省、臺北市及高雄市分駐各地之家庭計畫工作人員，協助選擇抄錄鄉中 20 歲以上人口名冊，再由每鄉中間隔抽取 3 人為調查對象。以上共抽出 156 個鄉（鎮、市、區）及 477 個村（里），經過以上程序所抽取之樣本，其性別、年齡、教育程度特性與臺灣地區成年人口之整體背景特性甚為接近，充分顯示樣本之可靠度甚高（表 10–7）。

三、調查經過

本調查訪問員以社會工作員、家庭計畫工作人員及大專學生為主，共計 167 人。經過編組後即舉辦講習會，說明調查目的、問卷內容及訪

問技巧，於民國 78 年 1 月 8 日展開訪問工作，並於民國 78 年 2 月上旬
進行問卷複查；凡經複查發現調查結果不確實者，均另派訪問員重新調
查。此外，調查結果亦經事先設定之可靠度判定程序檢查。

表 10-7　樣本與母體結構檢定分析

1.性別

性　別	樣 本 組		母 體 組	
	樣本數	百分比	應有樣本數（母體人數）	百分比
男	1,617	53.9%	1,563（ 6,218,530）	52.1%
女	1,383	46.1%	1437（ 5,719,972）	47.9%
合　計	3,000	100.0%	3000（11,938,502）	100.0%

(1) $X^2 = 3.9$ $(df = 1)$.

(2)在 $\alpha = .001$ 的顯著水準下，樣本結構與母體結構並無顯著性差異。

(3)母體資料係採內政部「75 年臺閩地區人口統計資料」。

2.年齡

年齡（歲）	樣 本 組		母 體 組	
	樣本數	百分比	應有樣本數（母體人數）	百分比
20 ～ 39	1,611	53.7%	1,746（ 6,953,995）	58.2%
40 ～ 59	948	31.6%	837（ 3,331,948）	27.9%
60及以上	411	14.7%	417（ 1,652,559）	13.9%
合　計	3,000	100.0%	3,000（11,938,502）	100.0%

(1) $X^2 = 26.5$ $(df = 2)$.

(2)在 $\alpha = .001$ 的顯著水準下，樣本結構與母體結構並無顯著性差異。

(3)樣本組中 20 ～ 39 歲人口偏低，與本研究使用戶籍資料抽樣有關，
　　此年齡組「籍在人不在」的比例偏高，接受訪問的比例相對偏低。

3.教育程度

教育程度	樣 本 組		母 體 組	
	樣本數	百分比	應有樣本數 （母體人數）	百分比
小學及以下	1,269	42.3%	1,435 （5,711,673）	47.8%
初（國）中	498	16.6%	499 （1,986,940）	16.7%
高中（職）	705	23.5%	694 （2,762,295）	23.1%
大專及以上	528	17.6%	372 （1,477,594）	12.4%
合計	3,000	100.0%	3,000 （11,938,502）	100.0%

(1) $X^2 = 84.8 \ (df = 3)$.

(2)在 $\alpha = .001$ 的顯著水準下，樣本結構與母體結構並無顯著性差異。

(3)與母體相較，樣本的學歷有偏高傾向，因為個人於戶籍登記的「教育程度」往往較實際「教育程度」為低。

四、調查結果

1.在社會關係及政治參與方面

⑴多數民眾認為自己的社會階層較父母一代為高，同時又認為自己子女的社會階層會比自己高，由此可見民眾對未來國家社會的發展及人員生活的持續改善有信心，並持樂觀的看法。惟受訪民眾中自認自己屬於中等階層者的比例，比民國 75 年調查時稍降了 3.5%，值得注意。

⑵80% 以上的民眾在與不同省籍人士交往時並不感覺有省籍隔閡，且對自己的子女或兄弟姊妹與不同省籍人士結婚抱持贊成的態度。而完全不懂國語或閩南語民眾的比例占極少數，且呈持續減少的趨勢，顯示不同省籍人士之間的社會關係日趨和諧。

⑶民眾對政治活動有興趣者約占 $\frac{1}{3}$，而 62% 的選民表示對政治活動沒有興趣，從不討論政治的民眾亦約占 30%.

2.在施政反應及意見表達方面

⑴根據本次調查結果顯示，民眾對政府所推動的一連串政治革新措施均給予極高的評價，尤其是有關大陸政策的各項措施，民眾的滿意度均達93%以上。此外，民眾對「我國經濟情況」、「目前的生活」、「恢復開徵證券交易所得稅」的滿意度亦在81%以上，但對「交通狀況」、「環境污染防治」、「社會治安」則較不滿意（表10–8）。

⑵與前幾次調查結果比較，民眾對「環境污染防治」的滿意度不但一直偏低，而且持續下降，這顯示環保工作已成為政府當前施政中不容忽視的課題。另一方面，民眾對「食品藥物管理」與「我國經濟情況」的滿意度均較上次調查的結果為高，尤其是對「我國經濟情況」的滿意度提升昇了近10%，這顯示政府致力經濟建設，確已收具體效果。

⑶多數民眾對於社會的安定與進步同樣重視，不主張急速的改革，只有不及5%的民眾主張「應不計代價，急速改革」。大多數民眾主張政府的作為應是「有限度開放，兼顧社會秩序維持」，同時有45%的民眾認為社會會愈來愈亂，由此可見，多數民眾認為追求進步與改革仍應以社會穩定與生活安定為前題。

⑷在各項社會問題中，民眾所關心的事項主要集中於各種非經濟性的社會問題，例如「加強警政，維護治安」、「實施全民健康保險」、「社會安定與國家安全」、「提高農民收益，促進農業發展」、「維護勞工權益及福利」、「加強防制貪污」及「加強社會福利」等。

⑸對於政府未來可能實施的各項政策，民眾均相當支持，贊成的比例至少都在70%以上，其中有關國會改革方案，全民健康保險與有關大陸政策各項措施的支持程度更在90%以上（表10–9）。

⑹民眾認為向政府表達意見最有效的途徑為「參加投票，選自己支持的候選人」，其次為「透過里民大會表達」，再其次為「請民意代表轉達」。這項調查結果與上次調查結果相同，證明了現代政府與人民之間的溝通中，選舉方式與正常的參與形式已受到民眾的認同。

表 10-8 民眾對政府各項政策滿意程度比較（民國 78 年 1 月）

政策	滿意度
開放民眾赴大陸探親	96.9%
開放大陸同胞來臺探病及奔喪	94.1%
開放大陸傑出人士、海外學人及留學生來臺參觀訪問	94.1%
開放臺灣地區民眾赴大陸參加國際會議或文化、體育活動	93.2%
實施國家安全法	88.0%
目前我國的經濟狀況	83.7%
恢復開徵證券交易所得稅	83.0%
目前的生活	81.6%
最近（民國 77 年 7 月）的內閣人事改組	80.6%
勞基法的實施	77.9%
目前居住的環境	76.8%
開放報紙登記，解除限張	73.2%
解除戒嚴	70.0%
得到醫療的機會	64.6%
政府的農業建設	61.4%
集會遊行法的實施	58.5%
目前我國國際關係	45.8%
廢除票據刑責	39.5%
目前食品藥物的管理	38.0%
停止發行愛國獎券	36.0%
社會福利	26.6%
目前的社會治安	24.4%
目前的污染防治工作	21.2%
目前的交通狀況	18.1%

表 10-9　民眾對未來可能實施的政策贊成程度比較

政策	贊成程度
實施全民健康保險	99.6%
開放准許民眾赴大陸觀光	96.8%
擴大與大陸民眾文教體育交流	95.3%
以鼓勵資深代表退職方式充實國會	93.0%
開放不參與機密的基層公務人員赴大陸探親	92.8%
臺北市、高雄市市長由人民選舉	88.6%
修訂動員戡亂時期臨時條款	87.5%
准許大陸一般民眾來臺探親	87.2%
由政府發行社會福利彩券	84.8%
以增加中央民意代表名額方式充實國會	84.5%
全面開放移民	73.8%
開放與共產國家的直接貿易關係	73.4%
再興建核能電廠	70.3%

3.在對公務人員服務態度及對政府滿意度方面

⑴民眾對公務人員服務態度的滿意程度呈逐年持續下降的趨勢，但仍然以對戶政人員的滿意度較高，而以司法人員較低。

⑵一般民眾對於各級政府施政的滿意度均在 66% 以上，其中以對中央政府的施政滿意度最高，其次則為省政府。

⑶影響民眾對各級政府滿意程度的因素中，以對各項政策及對公務人員服務態度的滿意度最為重要；而後者又受居住地區、年齡、教育程度、職業、家庭收入及社會階層的影響。居住於都市化較高地區、年齡較輕、教育程度較高的民眾，對各類公務人員的滿意度較低，值得注意。

第五節　勞動力調查及就業失業統計

　　爲明瞭勞動力質與量供需狀況，行政院主計處第四局向家庭舉辦勞動力調查、及向事業單位舉辦受雇員工調查，前者主要爲從供給面蒐集就業、失業、教育程度及家庭背景等資料，後者主要爲從需求面蒐集工時、工資、勞動生產力及勞動力需求結構狀況。本節僅就前者概述如下：

一、調查對象及調查要項

　　勞動力調查的對象爲臺灣地區全體家庭，調查項目（圖 10–1 ）主要爲勞動力及非勞動力。

　　1.勞動力

　(1)就業。

　(2)失業。

　(3)性別。

　(4)年齡。

　(5)教育程度。

　(6)行業、職業及從業身分。

　(7)家庭狀況。

　　2.非勞動力

　(1)性別。

　(2)年齡。

　(3)教育程度。

二、調查方法及時間

　　調查採派員訪問方式，由臺北市、高雄市暨臺灣省各縣市政府遴選訪查員擔任。調查時期定爲每月辦理一次，以各月含 15 日之一週爲資

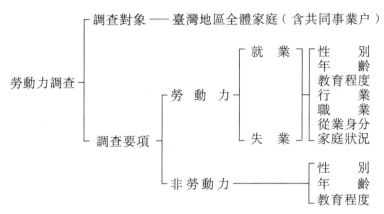

圖 10-1　勞動力調查之調查對象及調查要項

料標準週，而於次週查填標準週內發生之事件，並以標準週最後一日午夜 12 時正為分界，校正各種人口異動情況；在此時以前死亡或遷出者不予調查，而以後死亡或遷出者，仍應調查。

三、抽樣計畫

1.本調查之樣本大部分用既定之抽樣方法取得，但有關水電燃氣業部分則由該業各公司提供有關資料，逕送本處應用。

2.抽樣設計

⑴本調查採分層二段抽樣設計，第一段樣本單位定為村里，而第二段單位為戶（圖 10-2）。

⑵進行第一段抽樣設計時，先將戶籍登記整理而得之村里概況，按本處研訂之分層準則予以分層。分層準則有兩項因素，即都市化程度與行業型態；每一因素再次分若干級，組合而得 24 層。

⑶第二段樣本由第一段中選樣本村里之調查前一個月住戶名冊抽出。

3.樣本抽取：第一段抽樣由本處統籌辦理，先將全部村里按既定準則劃分成層，再將各層村里按行政順序排列，然後隨機抽出樣本起號，

分全臺灣地區 7,373 村里為 24 層					
1 層	2 層	………………………………………	23 層	24 層

（第一段樣本為村里）

515 個樣本村里					
1 層	2 層	………………………………………	23 層	24 層

（第二段樣本為住戶）

18,600 樣本戶					
1 層	2 層	…………………………	23 層	24 層

每月樣本戶輪換50%
樣本村里輪換 25%

圖 10－2　抽樣設計

即以預定抽出間隔用系統法抽出樣本村里。

第二段抽樣亦以系統法，由各縣市政府主計室負責抽取，並交由訪查員錄編樣本名冊。

4.抽出率與樣本大小：本調查之抽出率定為 4‰，估計抽出第一段樣本約為 515 個村里；第二段樣本戶約 18,600 戶，包括年滿 15 歲人口約 58,000 人。

5.樣本輪換方式：各層之第一段單位（村里）先分成 A、B、C、D 四組，各組再區分為兩小組；共得八小組，即 A、A′、B、B′、C、C′、D、 D′；每小組抽出三組樣本村里，每組樣本村里輪換調查四個月，故一年中各組內村里輪換調查三次，其輪值村里之開始調查期間為 A 組1、5、9 月；B 組2、6、10 月；C 組3、7、11 月；D 組4、8、12 月，由抽出之第一段樣本單位內再抽出兩組調查戶，組成第二段樣本每組的調查戶接連接受調查兩個月後輪換。續 A、B、C、D 組樣本使用一年後，繼續使用一年而變為 A′、B′、C′、D′ 至於 A、B、C、D 組樣本使用一年，即不再續用，而更換樣本為 A′、B′、C′、D′ 組，

以後即按此一方式循環使用。

　　6.共同事業戶之處理：共同事業戶之抽出，用上年各村里共同事業戶人口數為抽樣母體，以人為單位，根據總抽出率4%。直接抽出，予以調查。

四、調查及統計過程

　　1.由統計調查網人員收回訪問調查表，送往縣市政府指導人員初步審核。

　　2.縣市政府初核無誤後，彙送行政院主計處複核。

　　3.複核無誤後，輸入電子計算機檢誤、統計、製表、分析。

　　4.將初步統計完成之調查結果表及分析表，提請普查委員會審議。

　　5.審議通過後，編印調查報告，分送各界及部分受查戶應用（圖10–3）。

五、調查結果統計分析

　　1.我國人力結構

　　⑴總人口：就民國81年資料而言，臺灣地區總人口達20,652千人，其中未滿15歲人口及武裝勞動力共占28.5%，15歲以上民間人口占71.5%.

　　⑵15歲以上民間人口：若將15歲以上民間人口區分為勞動力與非勞動力，則勞動力占總人口42.4%，非勞動力占29.12%（圖10–4）.

　　⑶勞動力：勞動力包括就業人口與失業人口，前者占總人口41.8%，後者占0.6%. 勞動力調查又將就業人口分為雇主、自營作業者、受雇者、無酬家屬工作者；又將失業人口分為：初次尋職者、非初次尋職者。

　　⑷非勞動力則分為：想工作而未尋找工作者、求學及準備升學者、料理家務者、衰老殘障者、其他。

　　2.10年來我國人力成長情形

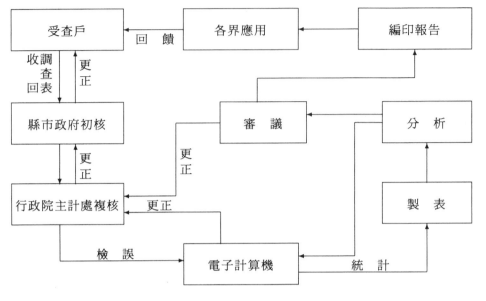

圖 10-3 調查統計過程

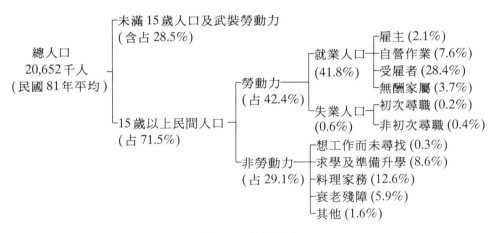

圖 10-4 我國人力結構概況

　　自民國 71 年至民國 81 年，由於生育率逐漸下降，15 歲以上民間人口的增加較總人口增加為速，其中勞動力增幅又較非勞動力大，有效供應經濟快速發展所需人力。惟近 10 年就業人口平均每年成長率略低於勞動力成長率，致失業率有緩慢上升趨勢（表 10-10）。

表 10-10 十年來我國人力成長

單位: 千人; %

項目 年別	總人口	15歲以上 民間人口	勞動力	就業人口	非勞動力
民國71年	18,293	12,013	6,959	6,811	5,053
民國81年	20,652	14,771	8,765	8,632	6,006
平均年增率	1.22%	2.09%	2.34%	2.40%	1.76%

3.就業人口結構

自民國71年至民國81年，就業人口的結構隨經濟發展而有顯著改變，農業就業人口逐漸減少，平均每年減少1.8%，工業及服務業就業人口則迅速增加，工業平均每年增加2.1%，服務業平均每年增加4.3%. 因此就業人口的結構，農業人口所占比率由 18.9% 降爲 12.3%，工業就業人口所占比率由41.2% 降爲 39.8%，服務業就業人口所占比率由40.2%升爲47.4% （圖 10-5）.

4.失業人口

我國勞工統計所稱失業係採聯合國國際勞工局定義，即應具備下述四條件才稱爲失業（圖 10-6）：

⑴須年滿15歲。

⑵無工作。

⑶隨時可以工作。

⑷正在尋找工作（並包括等候恢復工作者及已找到職業而未開始工作亦無報酬者）。

若依我國傳統習慣，將想工作而未去尋找工作者，也包括在失業人口之內，並將擴大範圍的失業稱爲廣義的失業，而稱前者爲狹義的失業，且依據民國81年12月的調查資料顯示，狹義的失業率僅1.27%，

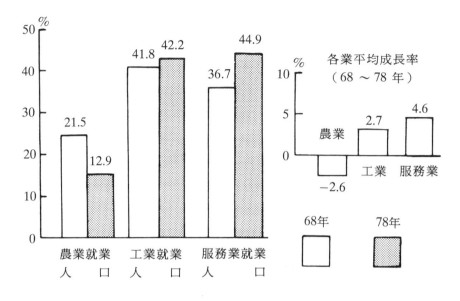

圖 10-5 就業人口結構

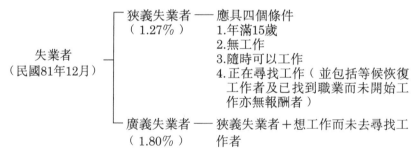

圖 10-6 失業人口

廣義的失業率則達 1.80%，由於想找工作而未去尋找工作的人，不影響勞動市場供需勢力，亦即不影響工資的變動，故我國勞工統計之失業率係按狹義的失業率計算。

5.失業率與實質工資變動

我國勞工統計所採失業率雖低，其對實質工資的反應甚為靈敏，且其成為實質工資變動的領先負指標甚為顯明，如圖 10-7 所示，失業率

下降，實質工資必然上升，僅民國 63 年受石油危機干擾，此一趨勢略
爲混亂而已，如進一步將失業率與工資作成迴歸分析，其相關係數高達
負 0.9，判定係數高達 0.8，凡此均可見我國現編失業統計可信度之高。

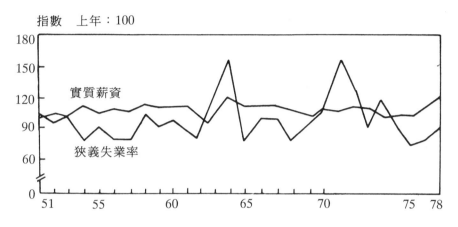

指數　上年：100

圖 10-7　狹義失業率指數與實質薪資指數變動分析

6.失業率對景氣變動的反應

　　失業率爲判斷景氣動向的指標之一，若將各年各月失業率作一比
較，不難發現自民國 69 年至民國 71 年我國景氣不斷向下滑落期間，失
業率持續上升，民國 69 年平均失業率爲 1.23%，民國 70 年升爲 1.36%，
民國 71 年升爲 2.14%，民國 72 年初景氣轉穩，經濟成長率逐季上升，
失業率亦自 2 月份之高峰 3.45%，逐月下降，民國 74 年上半年受經濟
成長趨緩影響，失業率又逐月上升，至 8 月份達另一高峰 4.10%；民國
75 年國際油價大幅滑落，臺幣相對日元及歐幣貶值，出口接單暢旺，
產業景氣活絡，經濟成長一季比一季強勁，勞力需求殷切，失業率再趨
下降，至 12 月降爲 1.98%. 民國 76 年出口依然暢旺，景氣持續活絡，
失業呈下降趨勢，平均失業率爲 1.97%. 民國 77 年及民國 78 年國內服
務業大幅開放，國內需求暢旺，使服務業就業人口增加甚速；工業部門
仍維持適當成長，失業率分別爲 1.69% 及 1.57%. 失業率與景氣變動趨

表10-11　我國的失業率

月別＼年別	1月	2月	3月	4月	5月	6月	7月	8月	9月	10月	11月	12月	平均
民國68年	1.29	1.30	1.19	1.09	1.18	1.14	1.55	1.55	1.41	1.17	1.20	1.23	1.28
69年	0.95	1.10	1.06	0.93	1.19	1.30	1.52	1.62	1.36	1.26	1.20	1.25	1.23
70年	0.96	1.43	1.09	0.86	1.01	1.33	1.48	1.79	1.69	1.73	1.55	1.32	1.36
71年	1.36	1.62	1.32	1.49	1.98	1.95	2.21	2.65	2.68	2.77	2.71	2.79	2.14
72年	2.73	3.45	2.91	2.61	2.42	2.50	2.88	2.90	2.70	2.79	2.34	2.27	2.71
73年	2.34	2.75	2.09	2.00	2.11	2.23	2.51	3.03	3.03	2.77	2.25	2.21	2.44
74年	2.03	2.15	2.49	2.28	2.57	2.53	3.44	4.10	3.62	3.45	3.28	2.91	2.91
75年	2.53	3.33	2.79	2.34	2.34	2.72	2.93	3.11	2.96	2.61	2.33	1.98	2.66
76年	1.92	2.37	2.03	1.72	1.94	1.75	2.02	2.08	2.07	2.01	1.86	1.82	1.97
77年	1.77	1.70	1.79	1.59	1.74	1.83	1.94	1.87	1.62	1.54	1.48	1.41	1.69
78年	1.35	1.88	1.46	1.31	1.50	1.68	1.76	1.87	1.72	1.48	1.45	1.36	1.57
79年	1.31	1.60	1.51	1.32	1.48	1.67	1.96	2.10	1.98	1.73	1.80	1.52	1.67
80年	1.37	1.35	1.39	1.40	1.43	1.37	1.82	1.78	1.79	1.56	1.49	1.39	1.51
81年	1.37	1.54	1.38	1.33	1.40	1.54	1.76	2.65	1.72	1.55	1.36	1.27	1.51

勢大致呈反方向進行，失業統計之精準度至爲明顯（表10-11）。

　　7.各國失業率之比較

　　失業率之高低除受景氣變動影響外，亦因國情不同而異，亞洲及北歐國家失業率一般均較低，平均約在 1 ～ 4%；西歐失業率較高，近年平均多在8 ～ 10% 左右；美國失業率居中，介於5 ～ 10%. 就民國81年（1992）而言，由表 10-12 所列資料顯示，我國失業率 1.5% 最低，次爲日本及韓國之2.3%，而以英國9.8% 最高，菲律賓8.6% 次之（表10-12）。

表10-12　各國失業率

單位: %

年別 國別	民國 70年	71年	72年	73年	74年	75年	76年	77年	78年	79年	80年	81年
我　　國	1.4	2.1	2.7	2.4	2.9	2.7	2.0	1.7	1.6	1.7	1.5	1.5
日　　本	2.2	2.4	2.7	2.7	2.6	2.8	2.8	2.5	2.3	2.1	2.1	2.2
韓　　國	4.0	4.3	4.1	3.8	4.0	3.8	3.1	2.5	2.6	2.4	2.3	2.4
新 加 坡	2.9	2.6	3.3	2.7	4.2	6.5	4.7	3.3	2.2	2.0	1.9	2.7
菲 律 賓	5.4	5.5	4.9	7.0	6.1	6.4	9.1	9.7	9.4	9.5	9.2	8.6
美　　國	7.6	9.7	9.6	7.5	7.2	7.0	6.2	5.5	5.3	5.5	6.7	7.4
西　　德	5.5	7.5	9.1	9.1	9.3	9.0	8.9	8.7	7.9	7.2	6.3	6.7
英　　國	9.9	9.8	10.7	11.1	11.3	11.4	10.0	8.4	6.3	5.9	8.1	9.8
瑞　　士	0.2	0.4	0.9	1.1	1.0	0.8	0.8	0.6	0.6	1.9	2.2	4.8
瑞　　典	1.9	2.5	2.8	2.8	2.5	2.4	2.3	1.6	1.6	2.5	2.8	3.2

附錄：歷年高考抽樣試題

一、民國七十四年全國公務人員高等考試

科別：**統計**

科目：**實驗設計與抽樣方法**

1. 基於（有限母體）之簡單隨機抽樣，試答：

    ⑴母體平均數之估計量，上項估計量之期望值及變異數。

    ⑵母體總數之估計量，上項估計量之期望值及變異數。

    ⑶母體變異數之估計量，上項估計量之期望值及變異數。

2. 市場調查公司對某一有 5,000 戶之鄉鎮進行市場調查，其所用之方法為簡單隨機抽樣，基於 30 個樣本得樣本平均數 110，樣本標準差為 15，若信賴係數 $\alpha = 0.95$，而且母體平均數與樣本平均數之精密度為 5，則需增加多少樣本個數（$t_{.025, 29} = 2.045$）。

3. ⑴作抽樣調查時，當如何決定樣本個體？

    ⑵在問卷設計時當注意那些事項來降低誤差？

二、民國七十五年全國公務人員 高等考試

科別: 統計

科目: 實驗設計與抽樣方法

1. 附表為74 學年度 28 個大學中的10 個隨機樣本，其中 6 個公立，4 個私立。

   (1)分別求公、私學校學生人數(x) 與教師人數 (y) 比例 $\left(\dfrac{x}{y} \right)$ 之估計。

   (2)求上述估計之標準誤差及 90% 信賴界限。

公 立		私 立	
x	y	x	y
3,266	327	14,803	496
14,598	1,579	18,037	584
11,856	771	1,401	153
3,599	294	2,434	163
1,765	201		
413	64		

2. 附表為民國 74 年底臺灣地區各行政單位人口人數（萬），依人口之多寡分為二層。今以 12 個隨機樣本估計臺灣地區人口總數，求在下列各抽樣方法下人口總數估計的標準誤差:

   (1)簡單隨機抽樣。

   (2)比例配置分層抽樣。

   (3)相等配置分層抽樣。

第 一 層	第 二 層	
266	90	36
251	79	10
130	68	35
122	45	30
121	37	25
114	55	64
107	54	28
100	57	6

三、民國七十六年全國公務人員 高等考試

科別: 統計

科目: 實驗設計與抽樣方法

1. 假設欲抽樣調查臺灣地區三代同堂家庭（此個數未知）中的某一特性，設其 population total 及 population mean 分別為 Y_1 及 $\overline{Y}_1$. 請設計一抽樣計畫（sampling plan），並找出 y_1 及 $\overline{y}_1$ 之不偏估計式，及此估計之變異數（variance）（註: 全臺灣家庭之個數是已知的）。以集體抽樣法抽出幾個集體。

2. 設農場之收入之變異係數（coefficient of variation）為 100%（亦即 $C.V. = 100$），現以簡單隨機抽樣法（SRS）取一樣本，試問樣本需要多大才能有 95% 的信賴度說誤差（error）不超過 ±5%？ Sampling Frame 分別為:

   (1)有 2,000 個農場之鄉鎮。

   (2)有 4,000,000 個農場之國家。

3. 設 x_i, y_i 為母體中每一單位（unit）所有之一對變量（variates），x, y 為一大小為 n 之簡單隨機樣本之均值（sample means）。試求:

   (1) $Coy(x, y)$;

   (2) $E(y)$ and $Var(y)$，若 y 為一屬性變量（qualitative variate）。

4. 試述在 stratified sampling 及 cluster sampling 中，最理想之 stratification 及 clustering 分別為何?

四、民國七十七年全國公務人員高等考試

科別： 統計

科目： 實驗設計與抽樣方法

1.(1)何謂簡單隨機抽樣法（simple sampling）？假設母體大小（size）為 N，而我們欲抽取一大小為 n 之簡單隨機樣本，請問你將如何抽樣？

(2)若母體均數（population mean）Y 是我們有興趣的參數，若以上法(1)所得樣本之均數估計 Y，其精確度如何？增加樣本大小是否可提升精確度？又它們兩者之間是否有線性（linear）關係？

(3)設 a_i，$i = 1, 2, \cdots, N$，為一隨機變數，其值為 1 或 0，取決於母體中第 i 個單位（unit）是否被抽中在此樣本中，試求：$E[ai]$，$Var(a_i)$ 及 $Cov(a_i, a_j)$，$i \neq j$.

2.欲抽樣調查母體中具有某一稀有特性之比率 P（proportion），我們常採用反抽樣法（inverse sampling），也就是先固定一常數 m，然後由母體不斷（隨機）取樣，直到樣本中有 m 個單位具有此特性為止。因此樣本大小 n 變成一隨機變數。試證若 $m > 1$，則為 P 之一不偏估計式。

3.試述分層隨機抽樣法（stratified random sampling）之目的與準則。若 n_h 為每一層之樣本大小，試問應如何取得最適樣本配置（optimal allocation）。每一層之大小 N_h 變異 S_h^2 及抽樣成本 C_h 為考慮之因素。

五、民國七十八年全國公務人員高等考試

科別： 統計

科目：實驗設計與抽樣方法

1. 統計調查之未回答卷及部分回答卷對調查結果有何影響？有何處理方法？檢誤（editing）及設算（imputation）之意義及方法爲何？

2. 設某村之耕地面積爲3,000 公畝。茲以耕地面積爲權數（即抽出之機率與其耕地面積成正比）進行機率抽樣，得到 5 戶農家之資料如下表，求該村之水稻面積比例。

戶　數	耕 地 面 積	水 稻 面 積
1	3	2
2	5	2
3	6	4
4	12	7
5	10	6

3. 某鄉住宅依面積分層之資料如下表，今欲抽取 100 戶來估計平均住宅面積，試依比例配置法（proportional allocation）及最優配置法（optimum allocation）求出各層之樣本數，並求上述二種抽樣方法之平均住宅面積估計量之變異數。

土地面積	住宅數	平均住宅面積	住宅面積之標準差
0 ～ 40	394	5.4	8.3
41 ～ 80	461	16.3	13.3
81 ～ 120	391	24.3	15.1
121 ～ 160	334	34.5	19.8
161 ～	169	42.1	24.5

4. 解釋下列各名詞：

(1)分段抽樣（multi-stage sampling）。

(2)均方誤差（mean square error）。

(3)精確度（precision）。

六、民國七十九年全國公務人員 高等考試二級考試試題

科別: 統計

科目: 實驗設計與抽樣方法

1. 一批發商欲了解到期客戶積欠金額情形，特由 $N = 484$ 個到期客戶帳卡中抽出一隨機樣本以行估計。

   (1) 試以所附隨機號碼（random numbers）及對應的帳卡積欠金額（下表），由全部到期客戶帳卡中隨機抽出一個 $n = 10$ 個帳卡的隨機樣本（simple random sample），以估計到期客戶平均積欠金額（元）及積欠總金額（元）。

   (2) 在 95% 信賴度（ $z \doteq 2$ ）情況下，若欲所估計的到期客戶平均積欠金額之誤差不超過 20 元（即 $d \le 20$ ），求樣本大小（sample size）。

隨機號碼	231	055	148	389	973	117	433	938	495	367	070	433	615	313
積欠金額（元）	335	320	520	430		400	410			450	425	410		390

2. 某廣告公司欲估計某市住戶對某一電視節目的收視率，決定將全市依北、中、南三行政區分為三層，應用分層隨機抽樣方法調查之。若已知北、中、南三區住戶數分別為 $N_1 = 155$（戶）， $N_2 = 62$（戶）， $N_3 = 93$（戶）及各層隨機樣本之大小分別為 $n_1 = 20$（戶）， $n_2 = 8$（戶）， $n_3 = 12$（戶），調查結果所得資料列於下表。

   (1) 試估計該市住戶對某一電視節目之收視率。

   (2) 在 95% 信賴度（ $z \doteq 2$ ）情形下，若欲所估計的收視率之誤差不超過 10%（即 $d \le 0.1$ ），試以比例配置法（proportional allocation）求樣本大小及各層樣本的大小。

（下表）

層別	N_i（戶）	n_i	收視某電視節目戶數
北	155	20	16
中	62	8	2
南	93	12	6

七、民國八十年全國公務人員高等考試二級考試試題

科別：統計

科目：抽樣方法

1.解釋下列名詞：

⑴抽樣率（sampling fraction）及展算因子（expansion factor）。

⑵分層抽樣（stratified sampling）。

⑶二段群聚抽樣（two-stage cluster sampling）。

⑷信度（reliability）及效度（validity）。

⑸抽樣之海森堡效應（Heisenberg's effect）及虛榮心效應（vanity effect）。

2.⑴試述精確度（precision）與準確度（accuracy）的意義。

⑵抽樣時樣本大小（sample size）的改變對精確度產生何種影響？擬訂抽樣計畫時，樣本大小應如何決定？

⑶某抽樣計畫訂明「只要抽取1,067個樣本就足夠證實本研究的科學有效性了」，試申其義。

3.⑴試從所附隨機數（random number）表中抽取25個兩位數為樣本，計算有多少為①偶數，②個位數及十位數均為偶數，③個位數及十位數之和大於或等於16.

⑵抽取100個兩位數，重複⑴之計算。

(3)試從⑴與⑵之結果計算抽樣誤差，並說明樣本大小對抽樣誤差之影響。

4.(1)迴歸估計（regression estimator）及比例估計（ratio estimator）之使用時機爲何？

(2)某國小一年級女生計 520 人，其平均體重業經統計爲 $\mu_x = 22.98$ 公斤。茲以單純隨機抽樣選取 10 人測量其身高，連同其體重併列於附表，試以迴歸估計法求全年級之平均身高 μ，並求此估計之標準差估計值。

(3)上述問題之處理方式有何潛在缺點和困難？

	（1）～（5）	（6）～（10）	（11）～（15）
01	24670	36665	00770
02	94648	89428	41583
03	66279	80432	65793
04	87890	94624	69721
05	07936	98710	98539
06	18163	69201	31211
07	32249	90466	33216
08	60514	69257	12489
09	46743	27860	77940
10	58959	53731	89295
11	37800	63835	71051
12	01174	42159	11392
13	81386	80431	90628
14	10419	76939	25993
15	38835	59399	13790
16	39470	91548	12854
17	63407	91178	90348
18	42010	26344	92920
19	02446	63594	98924
20	91060	89894	36036

學生	體重（x）	身高（y）
1	24	126
2	28	126
3	24	123
4	25	124
5	23	121
6	20	120
7	19	119
8	24	125
9	22	119
10	26	129

$n = 10$	$\sum x_i = 235$	$\sum y_i = 1,232$
$\sum xy = 29,020$	$\sum x_i^2 = 5,587$	$\sum y_i^2 = 151,886$

八、民國八十一年全國性公務人員 高等考試二級考試試題

科別：統計

科目：抽樣方法

1. 敘述下列三種抽樣方法的意義及其抽樣步驟：

    (1)分層隨機抽樣（stratified random sampling）。

    (2)群集抽樣（cluster sampling）。

    (3)二段隨機抽樣（two-stage random sampling）。

2. 設一母體（population）有 N 個抽樣單位（sampling units），將此母體分為 L 個層次（strata），層次的抽樣單位數分別為 $N_1, N_2, \cdots, N_L$，其中即 $N = N_1 + N_2 + \cdots + N_L$. 為選擇適用的抽樣方法，詳述使用下列三種抽樣方法時，對於 L 及 $N_1, N_2, \cdots, N_L$ 的大小之決定有何不同?

⑴分層隨機抽樣。

⑵群集抽樣。

⑶二段隨機抽樣。

3.設一母體（population）有 N 個抽樣單位（sampling units），此 N 個抽樣單位的度量變數值分別記爲 y_1, y_2, $\cdots$, y_N，則 $\overline{Y} = \sum\limits_{i=1}^{N} \dfrac{y_i}{N}$ 即爲母體平均數。爲估計 $\overline{Y}$，將母體分爲 L 個層次，各層次的抽樣單位數分別爲 N_1, N_2, $\cdots$, N_L，其中即 $N = N_1 + N_2 + \cdots + N_L$. 爲方便起見，記第 h 層的 y 值爲 y_{h1}, y_{h2}, y_{hN_h}, $(h = 1, 2, \cdots, L)$，則 $\overline{Y}_h = \sum\limits_{i=1}^{N_h} \dfrac{y_{h_i}}{N_h}$，$S_h^2 = \sum\limits_{i=1}^{N_h} \dfrac{(y_{h_i} - \overline{Y}_h)^2}{N_h - 1}$ 分別爲 h 層的母體平均數及變異數（variance）。

⑴寫出 $\overline{Y}$ 及 $\overline{Y}_h (h = 1, 2, \cdots, L)$ 的關係式。

⑵若依上述分層方式，採分層隨機抽樣，而以各層的樣本平均數 $\overline{y}_h$ 作爲 $\overline{Y}_h$ 的估計量（estimator）, $h = 1, 2, \cdots, L$，樣本數（sample size）總共爲 n，而各層次的樣本數分別記爲 n_1, n_2, $\cdots$, n_L，即 $n = n_1 + n_2 + \cdots + n_L$，而以 $\overline{y}_{st} = \sum\limits_{h=1}^{L} \dfrac{N_h}{N} \overline{y}_h$ 作爲 $\overline{Y}$ 的估計量，則 $\overline{y}_{st}$ 的變異數（variance）$Var(\overline{y}_{st}) =?$

⑶從 n_1, n_2, $\cdots$, n_L 的配置，來考慮如何使 $Var(\overline{y}_{st})$ 降低。設 n 爲固定樣本數，應如何決定 n_1, n_2, $\cdots$, n_L 的大小，才會使 $Var(\overline{y}_{st})$ 爲最低?

⑷從分層方面來考慮如何使 $Var(\overline{y}_{st})$ 降低。倘層數 L 固定，各層要如何決定，才會使 $Var(\overline{y}_{st})$ 降低?

4.設一母體（population）有 N 個抽樣單位，此 N 個抽樣單位的度量變數值分別記爲 y_1, y_2, $\cdots$, y_N，則 $\overline{Y} = \sum\limits_{i=1}^{N} \dfrac{y_i}{N}$, $S^2 = \sum\limits_{i=1}^{N} \dfrac{(y_i - \overline{Y})^2}{N - 1}$ 分別爲母體平均數（population mean）及母體變異數（population variance）。記 n 爲樣本數（sample size）, $\overline{y}$ 爲樣本平均數（sample mean），且以 $\overline{y}$ 作爲 $\overline{Y}$ 的估計量。在抽樣方法上，樣本中的 n 個抽樣單位係一個一個地抽出。請比較下列二個抽樣方法所得的 $\overline{y}$ 之變異數 $Var(\overline{y})$ 之大小：

⑴抽出不放回的簡單隨機抽樣（simple random sampling without replacement）。

(2)抽出後放回再抽出的簡單隨機抽樣（simple random sampling with replacement）。

九、民國八十二年全國性公務人員高等考試二級考試試題

科別：**統計**

科目：**抽樣方法**

1.請以**實例**說明下列的抽樣方法：

　⑴雙重抽樣（double sampling）。

　⑵二段隨機抽樣（two-stage random sampling）。

2.設一母體有 N 個抽樣單位，此 N 個抽樣單位的度量數值分別為 $y_1, \cdots, y_N$，則 $Y = \sum_{i=1}^{N} \dfrac{y_i}{N}$ 為母體平均數。若母體可分為 L 個層，各層的抽樣單位分別為 $N_1, \cdots, N_L$，其中 $N_1 + \cdots + N_L = N$，但 $N_1, N_2, \cdots, N_L$ 是未知的。因為 $W_i = \dfrac{N_i}{N}$ 是未知，$i = 1, \cdots, L$，且觀測到抽樣單位屬於那個層的成本很低。為了提高估計 $\overline{Y}$ 的精確度，試設計一適當的抽樣方法並得到 $\overline{Y}$ 的不偏估計式。

3.已知某一湖水中在某時網上一批魚，將它們做記號再放回湖中養殖一段時間後，現在湖中一些隨機點用網再撈魚，每拉一次網視為一抽樣單位，並記下每拉一次網中被記號過之魚數為 x_i，全網中之魚數為 y_i，若當初被記號之魚總數 X 為 1,146，以 $\hat{Y} = \dfrac{X\overline{y}}{\overline{x}}$ 來估計湖中之魚總數 Y，並回答下述問題：

⑴若隨機在不同點上拉 16 次網，其 $\sum_{1}^{16} x_i = 596$，$\sum_{1}^{16} y_i = 15,192$，

$s_x^2 = \dfrac{1}{16-1} \sum_{1}^{16} (x_i - \overline{x})^2 = 482.20$，$s_y^2 = \dfrac{1}{16-1} \sum_{1}^{16} (y_i - \overline{y})^2 = 216,180$，

$r = \dfrac{s_{xy}}{s_x s_y} = 0.8965$，則 $\hat{Y} = ?$　$\sqrt{\widehat{Var(\hat{Y})}} = ?$　（此處 $\widehat{Var(\hat{Y})}$ 表 $Var(\hat{Y})$

之估計量）

(2)上述之估計應在何種假設條件下進行較合理?

(3)若 16 次網上魚中，已被記號之魚之比例爲 $\hat{p}$，並用 $\hat{Y} = \dfrac{X}{\hat{p}}$ 來估計 Y 值時，試計算此估計量之標準差（註：$\sqrt{Var\left(\dfrac{1}{\hat{p}}\right)} = \dfrac{1}{p^2}\sqrt{Var(\hat{p})}$）。

(4)你認爲從何數據或分析可判斷湖中被記號之魚與未被記號之魚是否混合得很均勻?

4.某電路板每 50 塊裝成一箱，每塊上有 20 個微晶片，品管人員由某箱中隨機抽出 10 塊，發現每塊中有缺陷的微晶片，分別是 3, 2, 0, 1, 4, 3, 0, 0, 1, 2 個。

(1)試估計該箱中有缺陷的微晶片個數，並求此估計式的估計變異數。

(2)若品管人員再抽查另一箱時，希望估計總個數時估計式的估計標準差不大於 18 個，並以上述資料爲參考值，則他應在每箱中抽幾塊電路板，才能達到要求的精確度?

十、民國八十三年全國性公務人員高等考試二級考試試題

科別: 統計

科目: 抽樣方法

1.設 $U = \{u_1,\ u_2,\ \cdots,\ u_N\}$ 爲含有 N 個抽樣單位（sampling units）的母體（population），爲要自母體中抽出 n 個不同的抽樣單位組成樣本（sample），下列有兩種設計抽法。寫出每一種設計屬於什麼抽樣方法。

(1)設計一: 以不放回（without replacement）方式，自母體 U 中隨機（randomly）抽出一個抽樣單位; 第二次再由剩下的（$N-1$）個抽樣單位隨機抽出一個抽樣單位; 第三次再由剩下的（$N-2$）個抽樣單位隨機抽出

一個抽樣單位；依此類推，直到共抽出 n 個抽樣單位爲止。

(2)設計二：設 N 正好爲 n 的 k 倍，將母體依 $u_1,\ u_2,\ \cdots,\ u_N$ 的順序，先從 $u_1,\ u_2,\ \cdots,\ u_k$ 中隨機抽出一個，然後依序每第 k 個皆被抽出。如此，共抽出 n 個抽樣單位。

2.設一城市分爲 $N=25$ 個區，各區有 $M=10$ 個超級市場。假設要估計它們每天營業額的平均值。用群集（cluster）抽樣法，以區爲群集，抽中 $n=4$ 個區，調查各超級市場某日營業額，記作 y_{ij}，$i=1,\ 2,\ 3,\ 4$，$j=1,\ 2,\ 3,\ \cdots,\ 10$。令 $\overline{y}_i=\sum_{j=1}^{M}\dfrac{y_{ij}}{M}$，$\overline{\overline{y}}=\sum_{i=1}^{4}\sum_{j=1}^{M}\dfrac{y_{ij}}{4M}$. 若已知群集內平方和 $\sum_{i=1}^{4}\sum_{j=1}^{M}(y_{ij}-\overline{y}_i)^2=SSW=230.4$. 群集間平方和 $M\sum_{i=1}^{4}(\overline{y}-\overline{\overline{y}})^2=SSB=13.8$.

(1)試求 $Var(\overline{\overline{y}})$ 的估計值。

(2)若視上述40個觀察值 y_{ij} 爲簡單隨機抽樣所得資料，則樣本均值 $\overline{\overline{y}}_{SRS}=\sum_{i=1}^{4}\sum_{j=1}^{10}I\dfrac{y_{ij}}{40}$ 在簡單隨機抽樣下的變異數 $V_{SRS}(\overline{y}_{SRS})$ 的估計值爲何？

3.一母體含有 N 個抽樣單位，設其某度量之數值分別爲 $Y_1,\ Y_2,\ \cdots, Y_N$，則 $\mu=\dfrac{1}{N}\sum_{i=1}^{N}Y_i$ 爲母體平均數。爲估計 μ，將母體分成不相重疊的 L 層，其中第 h 層有 N_h 個抽樣單位（$\sum_{h=1}^{L}N_h=N$），其度量數值設爲 $Y_{h1}, Y_{h2}, \cdots, Y_{hN_h}$，則其平均數和變異數分別爲 $\mu_h=\dfrac{1}{N_h}\sum_{j=1}^{N_h}Y_{hj}$ 和 $\sigma_h^2=\dfrac{1}{N_h}\sum_{j=1}^{N_h}(Y_{hj}-\mu_h)^2$. 今自第 h 層以簡單隨機抽樣方式取出 n_h 個抽樣單位，且以 $\overline{Y}_h$ 表示該樣本度量值的平均數，$h=1,\ 2,\ \cdots,\ L$，令 $\overline{Y}_{st}=\dfrac{1}{N}\sum_{h=1}^{L}N_h\overline{Y}_h$，則以 $\overline{Y}_{st}$ 估計 μ：

(1)試問 $\overline{Y}_{st}$ 是否爲 μ 之不偏估計式？爲什麼？

(2)試求 $\overline{Y}_{st}$ 之變異數 $Var(\overline{Y}_{st})$，又 $Var(\overline{Y}_{st})$ 之不偏估計式爲何？

4.某一母體含有 N 個抽樣單位，每一個抽樣單位可同時度量數值變數 X 和 Y，即第 i 個抽樣單位可度量 x_i 和 y_i，$i=1,\ \cdots,\ N$. 因爲度量 X 之成本比度量 Y 的成本便宜很多，且 X 和 Y 是有相關的。我們使用雙重抽樣

迴歸估計法（double sampling for regression estimation）的估計式 $\overline{y}_{er} = \overline{y} + B(\overline{x}' - \overline{x})$ 估計 $\overline{Y} = \sum\limits_{i=1}^{N} \dfrac{y_i}{N}$，其中 $B = \rho^2 S_y^2 = \dfrac{\sum\limits_{i=1}^{N}(y_i - \overline{Y})(x_i - \overline{X})}{\sum\limits_{i=1}^{N}(x_i - \overline{X})^2}$，

$S_y^2 = \sum\limits_{i=1}^{N} \dfrac{(y_i - \overline{Y})^2}{N-1}$，$\overline{x}'$ 是第一次樣本的樣本平均值而每一抽樣單位成本是 c'，$\overline{x}$ 和 $\overline{y}$ 是從第一次樣本中再做第二次抽樣的樣本平均值，而每一抽樣單位成本是 c（同時度量 x 和 y）．在固定期望成本 C 之下，試比較最佳雙重抽樣迴歸估計法和簡單隨機抽樣（simple random sampling）（取出不放回）何者較優。

參考文獻

一、英文部分

1. Abul-Ela, A., Greenberg, B. G. and Horvitz, D. G.（1967）. A Multiproportions RR Model. *J. Amer. Statist. Assoc. 62*, 990~1008.

2. Cochran, W. G.（1977）. *Sampling Techniques*, 3rd ed. New York, Wiley.

3. Deming, W. E.（1953）. On a Probability Mechanisum to Attain an Economic Balance Nonresponse. *J. Amer. Statist. Assoc. 48*, 743~772.

4. Dowling, T. A. and Shachtman, R.（1975）. On the Relative Efficiency of RR Models. *J. Amer. Statist. Assoc. 62*, 990~1008.

5. Efron, B.（1982）. *The Jackknife, the Bootstrap and Other Resampling Plans*. Philadelphia: SIAM monograph no. 38.

6. Fellegi, I. P. and Holt, D.（1976）. A Systematic Approach to Automatic Edit and Imputation. *J. Amer. Statist. Assoc. 71*, 17~35.

7. Ford, B. L.（1983）. An Overview of Hot-Deck Procedures. In Madow, W. G., Olkin, I.and Rubin, D. B. P.（ed.）, *Incomplete Data in Sample Surveys, Vol.2*, Academic Press, 143~183.

8. Greenberg, B. G., Abul-Ela, Abdel-Latif, A., Simmons, W. B. and Horvitz, D. G.（1969）. The Unrelated Question RR Model: Theoretical Framework. *J.*

Amer. Statist. Assoc. 64, 520 ~ 539.

9.Greenberg, B. G., Kubler, R. R., Abernathy, J. R. and Horvitz, D. G. (1971). Application of the RR Technique in Obtaining Quantitative Data. *J. Amer. Statist. Assoc. 66*, 243~ 250.

10.Hansen, M. H., Hurwitz, W. N. (1946). The Problem of Non-Response in Sample Surveys. *J. Amer. Statist. Assoc. 41*, 517~ 529.

11.Hansen, M. H., Hurwitz, W. N. and Bershad, M. A. (1961). Measurement Errors in Census and Surveys. *Bull. Inst. Statist. Inst. 38*, 359~ 374.

12.Kish, L. (1965). *Survey Sampling*. New York: Wiley.

13.Kish, L. (1979). Populations for Survey Sampling. *Survey Statistician, 1*, 14~ 15.

14.Moors, J. J. A. (1971). Optimization of the Unrelated Question RR Model. *J. Amer. Statist. Assoc. 66*, 627~ 629.

15.Moss, L. and Goldstein, H. (eds.) (1979). *The Recall Method in Social Surveys*. London, Univ. of London, Institute of Education.

16.Oh, H. L. and Scheuren, F. J. (1983). Weighting Adjustment for Unit Non-response. In Madow, W. G., Olkin, I. and Rubin, D. B. P. (ed.) *Incomplete Data in Sample Surveys, Vol.2*, Academic Press, 143~ 183.

17.Little, R. J. A. and Rubin, D. B. (1987). *Statistical Analysis with Missing Data*. New York: Wiley.

18.Rubin, D. B. (1987). *Multiple Imputation for Nonresponse in Surveys*. New York: Wiley.

19.Scott, A. and Wu, C. F. (1981). On the Asymptotic Distribution of Ratio and Regression Estimators. *J. Amer. Statist. Assoc. 76*, 98~ 102.

20.Sudman, S. and Bradburn, N. M. (1974). *The Recall Method in Social Surveys*. London, Univ. of London, Institute of Education.

21.Thomsen, Ib and Siring, E.（1983）. On the Causes and Effects of Nonresponse: Norweigan Experiences. In Madow, W. G., Olkin, I. and Rubin, D. B. P.（ed.）, *Incomplete Data in Sample Surveys, Vol.3*, 25~60.

22.Warner, S. L.（1965）. RR: A Survey Technique for Eliminating Evasive Answer Bias. *J. Amer. Statist. Assoc. 60*, 63~69.

二、中文部分

1.韋端，《抽樣方法之應用》，中國統計學報社，1990 年。

2.楊國樞、文崇一、吳聰賢、李亦園編，《社會及行為科學研究方法》（上，下），東華書局，1985 年第 7 版。

索　引

習 題 解 答

第一章　抽樣調查及普查

1. 試論抽樣調查及普查的差異及優缺點。

解 普查: 對所欲研究之對象（母體）中每一分子均加以調查。抽樣調查: 由所欲研究對象（母體）中抽取一部分分子（樣本）加以調查。

其優缺點如下:

(1) 抽樣調查由樣本所得之估計值，雖然具有抽樣誤差，但是可依適當的統計原理，估計其代表母體特徵參數估計之精確度。而普查雖無抽樣誤差，然其非抽樣誤差往往不容忽視。

(2) 抽樣調查之單位數較少，故可節省調查過程及結果整理和分析的經費與人力，而大規模的普查需耗費龐大人力與經費。

(3) 抽樣調查可在較短時間內獲得有關資訊。於調查具有時效性之事項尤為重要。普查之實施及結果之整理分析一般所需時間較長，因此待結論獲得時，實用價值乃大為降低。

(4) 因為少數的優秀技術人員容易聘請並給予特殊訓練，所以抽樣調查結果所得資料常較普查所得者為正確。

(5) 在某種複雜事項之觀測調查時，因需要有受過良好訓練的技術人員及特殊設備的關係，普查往往極難實施，甚至不可能，但抽樣調查則較易施

行而得到較深入的結果。

(6) 抽樣調查所利用的抽樣技術及機率理論，可獲得既定精確度之估計值。

(7) 涉及破壞性的檢驗，無法使用普查，只有用抽樣方法，始有可能保存大部分的產品。

2. 試述抽樣調查的可行性準則。

解 抽樣調查之可行性準則有三：

(1) 有效準則：抽樣調查應該符合成本效益，亦即所獲資訊的價值應超過所支付的成本，方爲可行。

(2) 可測量準則：抽樣的正確程度必須能夠測量，否則抽樣調查就失去意義。

(3) 簡單準則：與客觀環境比較，抽樣調查必須保持簡單性，這也是一般統計方法的儉約原則（principle of parsimony）的要求。

3. 抽樣調查的隨機原理爲何？其用處爲何？

解 (1) 隨機原理之意義爲：樣本應是根據機率之理論選出，而非主觀之選擇或自由之參與。

(2) 依照隨機原理選出來的樣本，經過嚴格評估其代表性測量值，才能適當地反應母體之內涵，估計值之精確度及準確度才會有客觀的評估。

第二章　母體、樣本及其他觀念

1. 試說明什麼是推論母體？目標母體？底冊母體？它們的差異在那裡？這些差異會產生什麼問題？

解 見第二章第一節。這些母體的差異一般會使統計估計產生相當程度的偏差。

2. 什麼是抽樣誤差？非抽樣誤差是什麼？試申論之。

解 由於隨機樣本未能完全代表母體而引起之誤差稱爲抽樣誤差，對正確之抽樣而言，抽樣誤差即爲參數 θ 與其估計值 $\hat{\theta}$ 之差。由隨機因素以外的其他

因素所造成的誤差，稱為「非抽樣誤差」，在實際做抽樣調查時經常發生，有時其規模甚至遠大於抽樣誤差，而且很難衡量。

第三章　統計調查計畫及執行

1. 試述統計調查實施計畫的具體內容。

解 見第三章第一節。

第四章　有限母體中的機率抽樣及估計

1. 在簡單隨機抽樣（不置回）設計中，假設母體元素為 $\{Y_1, \cdots, Y_N\}$.　定義 Y_i 被選入樣本的指示變數（indicator variable）為

$$I_i = \begin{cases} 1 & 若 Y_i 被選入樣本, \\ 0 & 若 Y_i 不被選入樣本。 \end{cases}$$

試證：

(1) $E(I_i) = \dfrac{n}{N}$,

(2) $E(I_i I_j) = \dfrac{n(n-1)}{N(N-1)}, \ i \neq j$.

證 (1) 從總個數為 N 的母體中抽取 n 個樣本，則有 $\binom{N}{n}$ 種樣本組合，若 Y_i 要被選入樣本，則由總個數 $N-1$ 的母體中（已扣除 Y_i）再抽取 $n-1$ 個樣本，有 $\binom{N-1}{n-1}$ 種樣本組合。

因此 Y_i 被選入樣本的機率為

$$\frac{\binom{N-1}{n-1}}{\binom{N}{n}} = \frac{\dfrac{(N-1)!}{(n-1)!(N-n)!}}{\dfrac{N!}{n!(N-n)!}} = \frac{n}{N} = E(I_i).$$

(2) $E(I_i I_j) = P(I_i = 1, \ I_j = 1)$

$\qquad \quad = P\ (\ Y_i \ \text{及} \ Y_j \ \text{同時被選入樣本})$

$$= \frac{\dbinom{N-2}{n-2}}{\dbinom{N}{n}}$$

$$= \frac{n(n-1)}{N(N-1)}, \quad i \neq j.$$

2. 假設母體中有 N 個元素，其中 A 個元素屬於 C 族群，則 C 族群占母體的

比例為 $P = \dfrac{A}{N}$. 設簡單隨機抽樣（不置回）得到 n 個樣本，其中有 a 個元

素屬於 C 族群，則 $p = \dfrac{a}{n}$ 可以用來估計 P 值，試證：

(1) p 為 P 的不偏估計量。

(2) p 的變異數為 $Var(p) = \dfrac{N-n}{N-1} \cdot \dfrac{P(1-P)}{n}$ ，且其不偏估計量為 $\widehat{Var}(p) =$

$\dfrac{N-n}{N} \cdot \dfrac{p(1-p)}{n-1}$.

證 (1) $P = \dfrac{A}{N}$, $p = \dfrac{a}{n}$ 自總個數 N 的母體中抽取 n 個樣本，其中有 a 個樣本

屬於族群 C. 因此 $a \sim$ 超幾何分配（Hypergeometric）

而 $p(a|N, A, n) = \dfrac{\dbinom{A}{a}\dbinom{N-A}{n-a}}{\dbinom{N}{n}}$

又 $E(a) = \dfrac{nA}{N} = nP$, 且

$E(p) = E\left(\dfrac{a}{n}\right) = P.$

(2) 因為 $E[a(a-1)] = \dfrac{n(n-1)A(A-1)}{N(N-1)} = E(a^2) - E(a),$

所以 $Var(a) = E[a(a-1)] + E(a) - [E(a)]^2$

$$= \frac{n(n-1)A(A-1)}{N(N-1)} + \frac{nA}{N} - \left(\frac{nA}{N}\right)^2$$

$$= \frac{nA}{N} \left[\frac{(n-1)(A-1)}{N-1} + 1 - \frac{nA}{N} \right]^2$$

$$= \frac{nA}{N} \left[\frac{(N-n)(N-A)}{N(N-1)} \right]$$

$$= nP \left[(1-P)\frac{N-n}{N-1} \right].$$

$$Var(p) = Var\left(\frac{a}{n}\right)$$

$$= \frac{1}{n^2} Var(a)$$

$$= \frac{N-n}{N-1} \cdot \frac{P(1-P)}{n}. \qquad (*)$$

而　$E\left(\widehat{Var}(p)\right) = E\left[\frac{N-n}{N} \cdot \frac{p(1-p)}{n-1} \right]$

$$= \frac{N-n}{N(n-1)} \left[E(p) - E(p^2) \right]$$

$$= \frac{N-n}{N(n-1)} \left[P - (Var(p) + P^2) \right]$$

$$= \frac{N-n}{N(n-1)} \left[P(1-P) - Var(p) \right]$$

$$= \frac{N-n}{N(n-1)} \left[\frac{n(N-1)}{N-n} Var(p) - Var(p) \right]$$

$$= Var(p),\ \text{其中倒數第二等式可由}\ (*)\ \text{導出。}$$

所以 $\widehat{Var}(p) = \frac{N-n}{N} \cdot \frac{p(1-p)}{n-1}$ 是 $Var(p)$ 的不偏估計量。

3. $\frac{1}{n} \sum_{i=1}^{n} \left(\frac{y_i}{x_i} \right)$ 是否可以用來估計母體比值 $R = \frac{Y}{X}$？為什麼？

解 不可。因為 $\frac{1}{n} E \sum_{i=1}^{n} \left(\frac{x_i}{y_i} \right) = \frac{1}{N} \sum_{i=1}^{n} \left(\frac{y_i}{x_i} \right) \neq R.$ 所以不論樣本數 n 有多

大，以 $\frac{1}{n} \sum_{i=1}^{n} \left(\frac{y_i}{x_i} \right)$ 來估計 R，必然產生偏值。

4. $r = \dfrac{\overline{y}}{\overline{x}}$ 爲母體比值 $R = \dfrac{\overline{Y}}{\overline{X}}$ 的估計量；若

$$\sum_{i=1}^{N}(Y_i - \overline{Y})(X_i - \overline{X}) \geq \left(\frac{Y}{2X}\right)\sum_{i=1}^{N}(X_i - \overline{X})^2,$$

試證：$Var(rX) \leq Var(N\overline{y})$.

證 由於 $Var(r) = \dfrac{1}{\overline{X}^2} \cdot (1-f)\dfrac{1}{n} \cdot \dfrac{\displaystyle\sum_{i=1}^{N}(Y_i - RX_i)^2}{N-1}$.

所以

$$\begin{aligned}
Var(rX) &= \frac{N^2(1-f)}{n(N-1)}\sum_{i=1}^{N}(Y_i - RX_i)^2 \\
&= \frac{N^2(1-f)}{n(N-1)}\sum_{i=1}^{N}\left[(Y_i - \overline{Y}) - R(X_i - \overline{X})\right]^2 \\
&= \frac{N^2(1-f)}{n(N-1)}\left[\sum_{i=1}^{N}(Y_i - \overline{Y})^2 + R^2\sum_{i=1}^{N}(X_i - \overline{X})^2 - \right. \\
&\qquad\left. 2R\sum_{i=1}^{N}(Y_i - \overline{Y})(X_i - \overline{X})\right] \\
&\leq \frac{N^2(1-f)}{n(N-1)}\left[\sum_{i=1}^{N}(Y_i - \overline{Y})^2 + R^2\sum_{i=1}^{N}(X_i - \overline{X})^2 - \right. \\
&\qquad\left. 2R\cdot\frac{Y}{2X}\sum_{i=1}^{N}(X_i - \overline{X})^2\right] \\
&= \frac{N^2(1-f)}{n(N-1)}\left[\sum_{i=1}^{N}(Y_i - \overline{Y})^2 + R^2\sum_{i=1}^{N}(X_i - \overline{X})^2 - \right. \\
&\qquad\left. R^2\sum_{i=1}^{N}(X_i - \overline{X})^2\right] \\
&= \frac{N^2(1-f)}{n}\cdot\frac{\displaystyle\sum_{i=1}^{N}(Y_i - \overline{Y})^2}{N-1} \\
&= \frac{N^2(1-f)}{n}S^2 = Var(N\overline{y}).
\end{aligned}$$

上面不等式係由假設條件導出，因此，若

$$\sum_{i=1}^{N}(Y_i - \overline{Y})(X_i - \overline{X}) \geq \frac{Y}{2X}\sum_{i=1}^{N}(X_i - \overline{X}^2),$$

則 $Var(rX) \leq Var(N\overline{y})$.

5. 將母體劃分成 k 個子母體，設其中第 j 個子母體的個數爲 N_j，$Y_{(j)}$ 及 $\overline{Y}_{(j)}$ 爲子母體總數及平均數。今有簡單隨機抽樣（不置回）抽取 n 個樣本，其中 n_j 個元素 $\{y_{j1},\ y_{j2},\ \cdots,\ y_{jn_j}\}$ 是屬於第 j 個子母體，$y_{(j)}$ 及 $\overline{y}_{(j)}$ 爲子母體的樣本總數及平均數。

試證:

(1) $\overline{y}_{(j)}$ 是 $\overline{Y}_{(j)}$ 的不偏估計量。

(2) 若 N_j 已知，則 $N_j\overline{y}_{(j)}$ 爲 $Y_{(j)}$ 的不偏估計量。

(3) 若 N_j 已知，則 $Var(\overline{y}_{(j)})$ 的不偏估計量爲 $(1-f_j)\dfrac{s^2_{(j)}}{n_j}$，其中 $f_j = \dfrac{n_j}{N_j}$ 爲子母體的抽樣比例，$s^2_{(j)} = \displaystyle\sum_{l=1}^{n_j} \dfrac{(y_{jl} - \overline{y}_{(j)})^2}{(n_j - 1)}$.

(4) n_j 爲隨機變數，$E\left(\dfrac{n_j}{n}\right) = \dfrac{N_j}{N}$ （因此，若子母體總數 N_j 未知時，f_j 可用抽樣比例 $\dfrac{n}{N}$ 來估算）.

(5) N_j 未知，但母體總數 Y 已知時，可用估計量 $\dfrac{y_{(j)}}{y} \cdot Y$ 來估計 $Y_{(j)}$，爲什麼?

(6) 若 N_j 未知時，$\dfrac{Ny_{(j)}}{n}$ 可用來估計 $Y_{(j)}$，其變異數 $Var\left(N\dfrac{y_{(j)}}{n}\right)$ 可用 $\dfrac{N^2(1-f)}{n(n-1)}\left\{\left[\displaystyle\sum_{l=1}^{n_j}(y_{jl} - \dfrac{n_j}{n}\overline{y}_{(j)})^2\right] + (n-n_j)(\dfrac{y_{(j)}}{n})^2\right\}$ 來估計，變異數估計量爲不偏估計量。

證 (1)

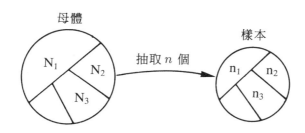

n 為固定數， n_1, n_2, $\cdots$ 則為隨機變數。

令 $\qquad I_{ji} = \begin{cases} 1 & \text{若第 } j \text{ 個子母體的第 } i \text{ 個元素被選入樣本,} \\ \\ 0 & \text{其他。} \end{cases}$

$$j = 1, 2, \cdots, k, \qquad i = 1, 2, \cdots, N_j.$$

則 $\qquad P(I_{ji} = 1 | n_j = n_j^*) = \dfrac{n_j^*}{N_j}$, $j = 1, 2, 3, \cdots, k.$

$$E(\overline{y}_{(j)}) = EE\left(\overline{y}_{(j)} | n_j\right)$$

$$= E\left[E\left(\left.\dfrac{\sum_{i=1}^{N_j} I_{ji} Y_{ji}}{n_j}\right| n_j\right)\right]$$

$$= E\left[\left.\dfrac{1}{n_j}\sum_{i=1}^{N_j}\dfrac{n_j}{N_j}Y_{ji}\right| n_j\right]$$

$$= E(\overline{Y}_{(j)})$$

$$= \overline{Y}_{(j)}.$$

所以 $E(\overline{y}_{(j)}) = \overline{Y}_{(j)}$,

即 $\overline{y}_{(j)}$ 是 $\overline{Y}_{(j)}$ 的不偏估計量。

(2) 由(1)可知 $E(\overline{y}_{(j)}) = \overline{Y}_{(j)}.$

若 N_j 已知， $E(N_j \overline{y}_{(j)}) = N_j \overline{Y}_{(j)} = Y_{(j)}.$

所以 $N_j \overline{y}_{(j)}$ 為 $Y_{(j)}$ 的不偏估計量。

(3) N_j 已知，但 n_j 仍為隨機變數。

因為 $Var(\overline{y}_{(j)}) = VarE(\overline{y}_{(j)} | n_j) + EVar(\overline{y}_{(j)} | n_j).$

但 $E(\overline{y}_{(j)} | n_j) = \overline{Y}_{(j)}$ ，所以 $VarE(\overline{y}_{(j)} | n_j) = 0;$

而 $Var(\overline{y}_{(j)} | n_j) = \dfrac{(1 - f_j) S_{(j)}^2}{n_j}$,

其中 $S_{(j)}^2 = \sum_{k=1}^{N_j} \dfrac{(y_{jk} - \overline{Y}_{(j)})^2}{N_j - 1}$, $f_j = \dfrac{n_j}{N_j}.$

所以 $Var(\overline{y}_{(j)}) = VarE(\overline{y}_{(j)}|n_j) + EVar(\overline{y}_{(j)}|n_j)$

$$= 0 + E\left[\frac{(1-f_j)s^2_{(j)}}{n_j}\right]$$

$$= E\left(\frac{1-f_j}{n_j}\right)S^2_{(j)}.$$

今欲證: $(1-f_j)\dfrac{s^2_{(j)}}{n_j}$ 爲 $Var(\overline{y}_{(j)})$ 的不偏估計量。

已知 $E(s^2_{(j)}|n_j) = S^2_{(j)}$,

所以 $E\left[(1-f_j)\dfrac{s^2_{(j)}}{n_j}\right] = E\left[\dfrac{(1-f_j)}{n_j}E(s^2_{(j)}|n_j)\right]$

$$= E\left(\frac{1-f_j}{n_j}\right)S^2_{(j)}$$

$$= Var\left(\overline{y}_{(j)}\right).$$

即 $(1-f_j)\dfrac{s^2_{(j)}}{n_j}$ 爲 $Var(\overline{y}_{(j)})$ 的不偏估計量。

(4) n_j 爲隨機變數, $f(n_j|N,n,N_j) = \dfrac{\dbinom{N_j}{n_j}\dbinom{N-N_j}{n-n_j}}{\dbinom{N}{n}}$,

所以 $E(n_j) = \dfrac{N_j n}{N}$.

因爲 $f_j = \dfrac{n_j}{N_j}$, $E(f_j) = E\left(\dfrac{n_j}{N_j}\right) = \dfrac{E(n_j)}{N_j} = \dfrac{n}{N} = f$

所以, 當 N_j 未知時, f_j 可用抽樣比例 $\dfrac{n}{N}$ 來估算。

(5) 當樣本數 n 足夠大時, 即 $n \longrightarrow N$, 我們可用比值估計量 $r = \dfrac{y_{(j)}}{y}$ 來估計 $R = \dfrac{Y_{(j)}}{Y}$. 而因 $Y_{(j)} = R \cdot Y$, 所以 $Y_{(j)}$ 可用 $r \cdot Y$ 來估計, 即可用 $\dfrac{y_{(j)}}{y} \cdot Y$ 來估計 $Y_{(j)}$.

(6) 由(2)可得 $E(N_j\overline{y}_{(j)}) = Y_{(j)}$,

而 $E\left(\dfrac{n_j}{N_j}\right) = \dfrac{n}{N} \Longrightarrow E\left(\dfrac{n_j}{n}\right) \cdot N = N_j$.

所以當 N_j 未知時，用 $=\dfrac{n_j}{n}\cdot N$ 來估計 N_j.

而 $E\left(\dfrac{n_j}{n}\cdot N\overline{y}_{(j)}\right)=EE\left(\dfrac{n_j}{n}\cdot N\overline{y}_{(j)}\,|n_j\right)$

$$= E\left[\dfrac{N}{n}n_j\left(E(\overline{y}_{(j)}\,|n_j)\right)\right]$$

$$= E\left[\dfrac{N}{n}n_j\overline{Y}_{(j)}\right]$$

$$= \dfrac{N}{n}E(n_j)\dfrac{Y_{(j)}}{N_j}$$

$$= \dfrac{N}{n}\cdot N_j\cdot\dfrac{n}{N}\cdot\dfrac{Y_{(j)}}{N_j}=Y_{(j)}.$$

所以 $\dfrac{n_j}{n}\cdot N\overline{y}_{(j)}=\dfrac{Ny_{(j)}}{n}$ 可用來估計 $Y_{(j)}$，且其為不偏估計量。

接著證明 $Var\left(\dfrac{N}{n}y_{(j)}\right)=N^2Var\left(\dfrac{y_{(j)}}{n}\right)$.現考慮

① 定義: $Z_i=\begin{cases}Y_i & \text{若 } Y_i \text{ 屬於第 } j \text{ 個子母體，}\\ 0 & \text{其他。}\end{cases}$

② $Z=\sum\limits_{l=1}^{N_j}Y_{jl}=Y_{(j)}$,

③ $y_{(j)}=\sum\limits_{i=1}^{n}z_i$（$z_i$為由$\{Z_1,\cdots,Z_N\}$所抽出之樣本）。

因為 $\dfrac{y_{(j)}}{n}=\dfrac{1}{n}\sum\limits_{i=1}^{n}z_i=\overline{z}$，所以

$$Var\left(\dfrac{N}{n}y_{(j)}\right)=N^2Var(\overline{z})$$

$$= \dfrac{N^2}{n}(1-f)\left[\dfrac{\sum\limits_{i=1}^{N}(Z_i-\overline{Z})^2}{N-1}\right],\quad \overline{Z}=\dfrac{Y_{(j)}}{N}=\dfrac{N_j}{N}\overline{Y}_{(j)}$$

$$= \dfrac{N^2(1-f)}{n(N-1)}\left[\sum\limits_{l=l}^{N_j}Y_{jl}^2-N\overline{Z}^2\right]$$

$$= \frac{N^2(1-f)}{n} \left[\frac{\sum\limits_{l=1}^{N_j} (Y_{jl} - \overline{Z})^2 + (N - N_j)\overline{Z}^2}{(N-1)} \right]. \quad (*)$$

現證：$\dfrac{\left[\sum\limits_{l=1}^{n_j} (y_{jl} - \overline{z})^2 + (n - n_j)\overline{z}^2 \right]}{n-1}$ 為（ $*$ ）式之不偏估計量。

$$E = \frac{\left[\sum\limits_{l=1}^{n_j} (y_{jl} - \overline{z})^2 + (n - n_j)\overline{z}^2 \right]}{n-1}$$

$$= \frac{1}{n-1} E\left[\sum_{l=1}^{n_j} y_{jl}^2 - 2\overline{z} \sum_{j=1}^{n_j} y_{jl} + n_j\overline{z}^2 + (n - n_j)\overline{z}^2 \right]$$

$$= \frac{1}{n-1} E\left[\sum_{l=1}^{n_j} y_{jl}^2 - n\overline{z}^2 \right]$$

$$= \frac{1}{n-1} \left[E\left(\sum_{l=1}^{n_j} y_{jl}^2 \right) - nE(\overline{z}^2) \right]. \quad (**)$$

又 $E(\overline{z}^2) = Var(\overline{z}) + [E(\overline{z})]^2$

而 $E(\overline{z}) = EE(\overline{z}|n_j) = E\left(\dfrac{n_j}{n} \overline{Y}_{(j)} \right) = \dfrac{N_j}{N} \overline{Y}_{(j)} = \overline{z}$,

$$Var(\overline{z}) = \frac{1-f}{n} \frac{\sum\limits_{i=1}^{N} (Z_i - \overline{Z})^2}{N-1}$$

$$= \frac{1-f}{n(N-1)} \left[\sum_{i=1}^{N} Z_i^2 - N\overline{Z}^2 \right]$$

$$= \frac{1-f}{n(N-1)} \left[\sum_{l=1}^{N_j} Y_{jl}^2 - N\overline{Z}^2 \right].$$

$$
所以（**）式 \ = \frac{1}{n-1}\left[E\left(\sum_{l=1}^{n_j}y_{jl}^2\right)-nE(\bar{z}^2)\right]
$$

$$
= \frac{1}{n-1}\left\{EE\left(\sum_{l=1}^{n_j}y_{jl}^2\mid n_j\right)-n\left[Var(\bar{z})+E(\bar{z})^2\right]\right\}
$$

$$
= \frac{1}{n-1}\left\{E\left(\frac{n_j}{N_j}\sum_{l=1}^{N_j}Y_{jl}^2\right)-\frac{1-f}{N-1}\sum_{l=1}^{N_j}Y_{jl}^2+\right.
$$

$$
\left.\frac{(1-f)N}{N-1}\bar{Z}^2-n\bar{Z}^2\right\}
$$

$$
= \frac{1}{n-1}\left\{\frac{n}{N}\sum_{l=1}^{N_j}Y_{jl}^2-\frac{N-n}{N(N-1)}\sum_{l=1}^{N_j}Y_{jl}^2+\right.
$$

$$
\left.\frac{N-n}{N-1}\bar{Z}^2-n\bar{Z}^2\right\}
$$

$$
= \frac{1}{(n-1)(N-1)}\left\{\left[\frac{n(N-1)}{N}-\frac{N-n}{N}\right]\sum_{l=1}^{N_j}Y_{jl}^2-N(n-1)\bar{Z}^2\right\}
$$

$$
= \frac{1}{N-1}\left\{\sum_{l=1}^{N_j}Y_{jl}^2-N\bar{Z}^2\right\}
$$

$$
= \frac{1}{N-1}\left\{\sum_{l=1}^{N_j}(Y_{jl}-\bar{Z})^2+(N-N_j)\bar{Z}^2\right\}
$$

$$
= (*)式 = Var\left(\frac{n}{N}y_{(j)}\right).
$$

故得證。

6. 簡單隨機抽樣設計的應用時機為何？設計的優缺點為何？

解 見第四章第二節九。

7. 何謂分層隨機抽樣？何謂群集抽樣？試比較其差異。

解 (1) 母體名冊中有相關的資訊，可以將母體劃分成數個子母體，我們稱之為
　　　層。分層隨機抽樣即是在每一層分別應用隨機抽樣方法抽取部分子樣

本，然後整合成一樣本。

⑵ 群集抽樣是首先將母體分群，將群視為母體的抽樣單位進行抽樣工作。

⑶ 分層抽樣的母體是依某些變數值來分層，並體認分層的結果將造成層間差異大，層內差異小。而群集抽樣中，群集的架構是由母體底冊的結構自然產生的。二種抽樣的比較如下：

分　層　抽　樣	群　集　抽　樣
①層數較少，層內單位較多。	①群數較多，群內單位較少。
②所有層中，至少都有一單位被選入樣本中。	②只有部分群集被選為樣本。
③分層抽樣只在每層中，選部分單位作為樣本。	③群集抽樣則在被抽選之群集中進行普查或進行再次抽樣。
④分層抽樣之目的在減少抽樣誤差，提高樣本估計值之可靠度。	④群集抽樣之目的在減低抽樣成本或配合母體底冊。

8. 試證明：在分層隨機抽樣中，最佳樣本數 n_h^* 應滿足

$$n_h^* \propto \frac{N_h S_{(h)}}{\sqrt{c_h}}.$$

證 因為抽樣成本 $= c_0 + \sum_{h=1}^{L} c_h \cdot n_h$，$c_o$ 為基本成本，c_h 為各層單位抽樣成本。

令 $c' = \sum_{h=1}^{L} c_h n_h$

又 $Var(\overline{y}_{strat}) = \sum_{h=1}^{L} W_h^2 \left(1 - \frac{n_h}{N_h}\right) \frac{S_{(h)}^2}{n_h}$

$$= \sum_{h=1}^{L} W_h^2 \frac{S_{(h)}^2}{n_h} - \sum_{h=1}^{L} \frac{W_h^2 S_{(h)}^2}{n_h}.$$

令 $V' = \sum_{h=1}^{L} W_h^2 \frac{S_{(h)}^2}{n_h}$

今欲使抽樣成本及 $Var(\overline{y}_{strat})$ 愈小愈好

$\implies$ 須將 $c'V' = (\sum_{h=1}^{L} c_h \cdot n_h) \left(\sum_{h=1}^{L} W_h^2 \frac{S_{(h)}^2}{n_h}\right)$ 最小化。

由 Cauchy-inequality

$$\left(\sum_{h=1}^{L} c_h \cdot n_h\right)\left(\sum_{h=1}^{L} W_h^2 \frac{S_{(h)}^2}{n_h}\right) \geq \left[\sum_{h=1}^{L}\left(\sqrt{c_h} \cdot \sqrt{n_h}\right)\left(W_h \frac{S_{(h)}}{\sqrt{n_h}}\right)\right]^2$$

$$= \left[\sum_{h=1}^{L} \sqrt{c_h} W_h S_{(h)}\right]^2 .$$

且若 $\dfrac{\sqrt{c_h \cdot n_h}}{W_h \dfrac{S_{(h)}}{\sqrt{n_h}}} =$ 定數時，以上不等式中之等式成立。

$$即 \quad n_h^* = 定數 \times \frac{W_h S_{(h)}}{\sqrt{c_h}}$$

$$= 定數 \times \frac{N_h}{N}\frac{S_{(h)}}{\sqrt{c_h}}$$

所以 $n_h^* \propto \dfrac{N_h S_{(h)}}{\sqrt{c_h}}$.

9. 假設 V_{opt} 及 V_{prop} 分別代表在最佳配置及比例配置的分層抽樣下所得平均數
   估計量的變異數值，而 V_{ran} 代表樣本平均數在簡單隨機抽樣下的變異數。
   試證:

$$V_{opt} \leq V_{prop} \leq V_{ran}.$$

證 因為最佳樣本數 $\dfrac{n_h^* \alpha N_h S_{(h)}}{\sqrt{c_h}}$

若 n 為全部樣本數，則 $n_h^* = n \cdot \dfrac{N_h S_{(h)}}{\displaystyle\sum_{h=1}^{L} N_h S_{(h)}}$

所以 $Var(\overline{y}_{opt}) = \displaystyle\sum_{h=1}^{L}\left(\frac{N_h}{N}\right)^2\left(1 - \frac{n_h^*}{N_h}\right)\frac{S_{(h)}^2}{n_h^*}$

$$= \sum_{h=1}^{L}\left(\frac{N_h}{N}\right)^2 \frac{\displaystyle\sum_{h=1}^{L} N_h S_{(h)}}{n \cdot N_h S_{(h)}} S_{(h)}^2 - \sum_{h=1}^{L}\frac{N_h}{N^2} S_{(h)}^2$$

$$= \frac{\left(\displaystyle\sum_{h=1}^{L} W_h S_{(h)}\right)^2}{n} - \frac{\displaystyle\sum_{h=1}^{L} W_h S_{(h)}^2}{N} .$$

又　$V_{ran} = (1-f)\dfrac{S^2}{n}$，且

$$V_{prop} = \frac{1-f}{n}\sum_{h=1}^{L}W_h S_{(h)}^2 = \frac{\displaystyle\sum_{h=1}^{L}W_h S_{(h)}^2}{n} - \frac{\displaystyle\sum_{h=1}^{L}W_h S_{(h)}^2}{N}.$$

今將簡單隨機抽樣所得樣本視爲事後分層樣本，

則　$(N-1)S^2 = \displaystyle\sum_{j=1}^{N-1}(y_j - \overline{Y})^2 = \sum_h \sum_i (y_{hi} - \overline{Y})^2$

$$= \sum_h \sum_i (y_{hi} - \overline{Y}_{(h)})^2 + \sum_h N_h(\overline{Y}_{(h)} - \overline{Y})^2$$

$$= \sum_h (N_h - 1)S_{(h)}^2 + \sum_h N_h(\overline{Y}_{(h)} - \overline{Y})^2$$

$$S^2 = \sum_h W_h S_{(h)}^2 + \sum_h W_h(\overline{Y}_{(h)} - \overline{Y})^2$$

所以 $V_{ran} = (1-f)\dfrac{S^2}{n}$

$$= \frac{1-f}{n}\sum_h W_h S_{(h)}^2 + \frac{1-f}{n}\sum_h W_h(\overline{Y}_{(h)} - \overline{Y})^2$$

$$= V_{prop} + \frac{1-f}{n}\sum_h W_h(\overline{Y}_{(h)} - \overline{Y})^2,$$

得知 $V_{prop} \le V_{ran}.$　　　　　　　　　　　　　　　　(a)

又　$V_{prop} - V_{opt} = \dfrac{\sum W_h S_{(h)}^2}{n} - \dfrac{(\sum W_h S_{(h)})^2}{n}$

$$= \frac{1}{n}\left[\sum W_h(S_{(h)} - \overline{S})^2\right], \text{ 其中} \overline{S} = \sum W_h S_{(h)}$$

$$\ge 0.$$

即　$V_{prop} \ge V_{opt}$　　　　　　　　　　　　　　　　　(b)

由(a)、(b)可得知 $V_{opt} \le V_{prop} \le V_{ran}.$

10. 什麼是分層二階段的群集抽樣？好處、壞處各爲如何？有什麼現成的例子使
　　用此抽樣設計？

解 (1) 所謂「分層二階段群集抽樣」乃先進行分層，然後於各層內進行二階
　　　段群集抽樣。以我國政府的很多調查爲例：通常先以都市化程度將臺灣

地區分層，然後於各層內以村里爲群進行第一階段簡單隨機抽樣，抽取樣本村里，最後於樣本村里內進行第二階段的簡單隨機抽樣，抽取樣本戶，進行以戶爲單位的調查。

(2) 好處是行政或訪問費用較低，而壞處是二階段抽樣設計所得的估計量的精確度通常較低。

(3) 我國的「勞動力調查」、「臺灣地區家庭收支調查」等，即使用此抽樣設計。

11. 考慮一階段的群集抽樣設計中母體有 N 個群集，第 i 個群集有 M_i 個元素，群集總數爲 Y_i，因此母體總數爲 $Y = \sum_{i=1}^{N} Y_i$. 假設樣本有 n 個群集，第 j 個樣本群集總數爲 y_j，群集內之元素個數爲 m_j，則可用 $\hat{Y} = N\bar{y} = N \sum_{i=1}^{n} \frac{y_i}{n}$

或比值估計量 $\hat{Y}_R = M_0 \cdot \dfrac{\sum_{j=1}^{n} y_j}{\sum_{j=1}^{n} m_j}$，$M_0 = \sum_{i=1}^{N} M_i$，來估計 Y.　試證明：

$Var(\hat{Y}_R) \leq Var(\hat{Y})$. 並說明當 $\bar{Y}_i \left(= \dfrac{Y_i}{M_i} \right)$ 值較均勻，差異不大時，$\hat{Y}_R$ 的變異數會更小。

證 比值 $R = \dfrac{Y}{M_0}$　則其樣本估計值 $r = \dfrac{\sum_{i=1}^{n} y_i}{\sum_{i=1}^{n} M_i}$，$y_i = \sum_{j=1}^{M_i} y_{ij}$ （第 i 個樣本群集總和）

比值估計量 $\hat{Y}_R = M_0 \cdot r = M_0 \cdot \dfrac{\sum_{i=1}^{n} y_i}{\sum_{i=1}^{n} M_i}$.

$Var\hat{Y}_R = \dfrac{N^2(1-f)}{n} \cdot \dfrac{\sum_{i=1}^{N} (Y_i - Rx_i)^2}{N-1}$，其中 $X_i = M_i$，$R = \dfrac{Y}{M_0}$.

$\qquad = \dfrac{N^2(1-f)}{n} \cdot \dfrac{\sum_{i=1}^{N} \left(Y_i - \dfrac{Y}{M_0} M_i \right)^2}{N-1}$.

又 $Var\hat{Y} = \dfrac{N^2(1-f)}{n} \cdot \dfrac{\sum\limits_{i=1}^{N}\left(Y_i - \dfrac{Y}{N}\right)^2}{N-1}.$

我們欲證: $Var\hat{Y}_R \le Var\hat{Y}.$ 即我們須證明

$$\sum_{i=1}^{N}\left(Y_i - \frac{Y}{M_0}M_i\right)^2 \le \sum_{i=1}^{N}\left(Y_i - \frac{Y}{N}\right)^2.$$

現由於 $\sum\limits_{i=1}^{N}\left(Y_i - \dfrac{Y}{N}\right)^2$

$$= \sum_{i=1}^{N}\left(Y_i - \frac{Y}{M_0}M_i\right)^2 + \sum_{i=1}^{N}\left(\frac{Y}{M_0}M_i - \frac{Y}{N}\right)^2 + 2\sum_{i=1}^{N}\left(Y_i - \frac{M_i}{M_0}Y\right)\cdot$$

$$\left(\frac{M_i}{M_0}Y - \frac{Y}{N}\right)$$

$$= \sum_{i=1}^{N}\left(Y_i - \frac{M_i}{M_0}Y\right)^2 + \sum_{i=1}^{N}\left(\frac{M_i}{M_0}Y - \frac{Y}{N}\right) + 2\sum_{i=1}^{N}\frac{M_iY_i}{M_0}Y$$

$$-2\sum_{i=1}^{N}\left(\frac{M_i}{M_0}Y\right)^2 - 2\sum_{i=1}^{N}Y_i\frac{Y}{N} + 2\sum_{i=1}^{N}\frac{M_i}{M_0}Y\cdot\frac{Y}{N}$$

（因為 $\sum\limits_{i=1}^{N}Y_i\dfrac{Y}{N} = \sum\limits_{i=1}^{N}\dfrac{M_i}{M_0}Y\dfrac{Y}{N}$，最後兩項相消）

$$= \sum_{i=1}^{N}\left(Y_i - \frac{M_i}{M_0}Y\right)^2 + \sum_{i=1}^{N}\left(\frac{M_i}{M_0}Y - \frac{Y}{N}\right)^2 + 2\sum_{i=1}^{N}\frac{M_iY_i}{M_0}Y - 2\sum_{i=1}^{N}\left(\frac{M_i}{M_0}Y\right)^2$$

$$= \sum_{i=1}^{N}\left(Y_i - \frac{M_i}{M_0}Y\right)^2 + \sum_{i=1}^{N}\left(\frac{M_i}{M_0}Y - \frac{Y}{N}\right)^2 - 2\sum_{i=1}^{N}\left(\frac{M_i}{M_0}Y\right)\left(\frac{M_i}{M_0}Y - Y_i\right)$$

$$\ge \sum_{i=1}^{N}\left(Y_i - \frac{M_i}{M_0}Y\right)^2 + \sum_{i=1}^{N}\left(\frac{M_i}{M_0}Y - \frac{Y}{N}\right)^2 - 2\sum_{i=1}^{N}\left(\frac{M_i}{M_0}Y - Y_i\right)$$

$$= \sum_{i=1}^{N}\left(Y_i - \frac{M_i}{M_0}Y\right)^2 + \sum_{i=1}^{N}\left(\frac{M_i}{M_0}Y - \frac{Y}{N}\right)^2.$$

即 $\displaystyle\sum_{i=1}^{N}\left(Y_i - \frac{M_i}{M_0}Y\right)^2 \le \sum_{i=1}^{N}\left(Y_i - \frac{Y}{N}\right)^2.$

所以 $Var(\hat{Y}_R) \le Var(\hat{Y}).$

又當 $\overline{Y}_i$ 值較均勻，差異不大時，由

$$Var\hat{Y}_R = \frac{N^2(1-f)}{n} \cdot \frac{\displaystyle\sum_{i=1}^{N}\left(Y_i - \frac{Y}{M_0}M_i\right)^2}{N-1}$$

$$= \frac{N^2(1-f)}{n} \cdot \frac{\displaystyle\sum_{i=1}^{N}M_i^2\left(\overline{Y}_i - \frac{Y}{M_0}\right)^2}{N-1}$$

可得知當 $\overline{Y}_i$ 值較均勻時，$\displaystyle\sum_{i=1}^{N}\left(\overline{Y}_i - \frac{Y}{M_0}\right)^2$ 較小，

所以 $\hat{Y}_R$ 的變異數會更小。

12. 考慮一階段的群集抽樣設計，採置回方式隨機抽取 n 個群集。假設每次抽取群集時，第 i 個群被抽取的機率為 P_i，且 $\displaystyle\sum_{i=1}^{N}P_i = 1$，試證明：

(1) $\hat{Y}_p = \dfrac{1}{n}\displaystyle\sum_{j=1}^{n}\dfrac{y_i}{P_j^*}$ 是母體總數 Y 的不偏估計量；其中 P_j^* 是第 j 個樣本群集所對應的機率權數。

(2) $Var(\hat{Y}_p) = \dfrac{1}{n}\displaystyle\sum_{j=1}^{N}P_j\left(\dfrac{Y_j}{P_j} - Y\right)^2.$

(3) $\dfrac{1}{n(n-1)}\displaystyle\sum_{j=1}^{n}\left(\dfrac{y_j}{P_j^*} - \hat{Y}_p\right)^2$ 為 $Var(\hat{Y}_p)$ 的不偏估計量。

證 (1) $E\left(\dfrac{1}{n}\displaystyle\sum_{j=1}^{n}\dfrac{y_j}{P_j^*}\right) = \dfrac{1}{n}\displaystyle\sum_{j=1}^{n}E\left(\dfrac{y_j}{P_j^*}\right)$

$$= \frac{1}{n}\sum_{j=1}^{n}\left[\sum_{i=1}^{N}\frac{Y_i}{P_i}P(y_j = Y_i)\right]$$

$$= \frac{1}{n}\sum_{j=1}^{n}\left(\sum_{i=1}^{N}\frac{Y_i}{P_i}P_i\right)$$

$$= \frac{1}{n} \sum_{j=1}^{n} Y$$

$$= Y.$$

所以 $\hat{Y}_p$ 是 Y 的不偏估計量。

(2) $Var(\hat{Y}_p) = E(\hat{Y}_p - Y)^2$

$$= E\left(\frac{1}{n} \sum_{j=1}^{n} \frac{y_j}{P_j^*} - Y\right)^2$$

$$= \frac{1}{n^2} \sum_{j=1}^{n} E\left(\frac{y_j}{P_j^*} - Y\right)^2$$

$$= \frac{1}{n^2} \sum_{j=1}^{n} \left[\sum_{i=1}^{N} P_i \left(\frac{Y_i}{P_i} - Y\right)^2\right]$$

$$= \frac{1}{n} \sum_{j=1}^{N} P_i \left(\frac{Y_i}{P_i} - Y\right)^2$$

(3) 因爲 $\sum_{j=1}^{n} \left(\frac{y_j}{P_j^*} - \hat{Y}_p\right)^2 = \sum_{j=1}^{n} \left(\frac{y_j}{P_j^*} - Y\right)^2 - n(\hat{Y}_p - Y)^2$

所以 $n(n-1)\widehat{Var}(\hat{Y}_p) = \sum_{j=1}^{n} \left(\frac{y_j}{P_j^*} - \hat{Y}_p\right)^2$

$$= \sum_{j=1}^{n} \left(\frac{y_j}{P_j^*} - \hat{Y}\right)^2 - n(\hat{Y}_p - Y)^2,$$

且 $E\left[n(n-1)\widehat{Var}(\hat{Y}_p)\right] = E\sum_{j=1}^{n} \left(\frac{y_j}{P_j^*} - \hat{Y}\right)^2 - nVar(\hat{Y}_p).$

在樣本個數爲 n 的樣本中，令 t_i 爲第 i 個母體元素所出現的次數，則
$E(t_i) = nP_i$

因爲 $n(n-1)E\left[\widehat{Var}(\hat{Y}_p)\right] = E\sum_{i=1}^{N} t_i \left(\frac{Y_i}{P_i} - Y\right)^2 - nVar(\hat{Y}_p)$

$$= \sum_{i=1}^{N} nP_i \left(\frac{Y_i}{P_i} - Y\right)^2 - nVar(\hat{Y}_p) \qquad (*)$$

$$\text{又 } Var(\hat{Y}_p) = \frac{1}{n} \sum_{i=1}^{N} P_i \left(\frac{Y_i}{P_i} - Y \right)^2$$

$$\text{所以 } (*) = n^2 Var(\hat{Y}_p) - n Var(\hat{Y}_p)$$

$$= n(n-1) Var(\hat{Y}_p).$$

即 $E\left[\widehat{Var}(\hat{Y}_p)\right] = Var(\hat{Y}_P)$，故得證。

13. 在有 N 個群集的母體中考慮二階段群集抽樣設計，抽取 n 個群集，並在第 j 個樣本群集中抽取 m_j 個樣本元素。設第 j 個樣本群集的樣本平均數為 $\overline{y}_j$，則 $\hat{Y}_u = \dfrac{N}{n} \sum\limits_{j=1}^{n} M_j^* \overline{y}_j$ 為母體總數 Y 的不偏估計量。試證：

(1) $Var(\hat{Y}_u) = \dfrac{N^2}{n} (1 - f_1) \dfrac{\sum\limits_{i=1}^{N} (Y_i - \overline{Y})^2}{N-1} + \dfrac{N}{n} \sum\limits_{i=1}^{N} \dfrac{M_i^2 (1 - f_{2i}) S_{2i}^2}{m_i}$,

其中 $f_1 = \dfrac{n}{N}$, $f_{2i} = \dfrac{m_i}{M_i}$, $\overline{Y} = \dfrac{Y}{N}$, $S_{2i}^2 = \dfrac{1}{M_i - 1} \sum\limits_{j=1}^{M_i} (Y_{ij} - \overline{Y}_i)^2$.

(2) $\widehat{Var}(\hat{Y}_u) = \dfrac{N^2}{n} (1 - f_1) \sum\limits_{j=1}^{n} \dfrac{(M_j^* \overline{y}_j - \hat{Y}_u / N)^2}{n-1} + \dfrac{N}{n} \sum\limits_{j=1}^{n} \dfrac{M_j^{*2} (1 - f_{2j}) S_{2j}^2}{m_j}$,

其中 $S_{2j}^2 = \dfrac{1}{m_j - 1} \sum\limits_{k=1}^{m_j} (y_{jk} - \overline{y}_j)^2$，為 $Var(\hat{Y}_u)$ 的不偏估計量。

證 令 E 表示對整體抽樣之期望值。

E_1, V_1 分別表示第一階段抽樣之期望值及變異數。

E_2, V_2 分別表示第二階段抽樣之期望值及變異數。

則 $V(\hat{\theta}) = V_1[E_2(\hat{\theta})] + E_1[V_2(\hat{\theta})]$, $E(\hat{\theta}) = E_1 E_2(\hat{\theta})$.

(1) 令 $Var(\hat{Y}_u) = V_1[E_2(\hat{Y}_u)] + E_1[V_2(\hat{Y}_u)]$

$$= C + D.$$

$$C = V_1\left[E_2(\hat{Y}_u)\right]$$

$$= V_1\left[E_2\left(\frac{N}{n} \sum_{j=1}^{n} M_j^* \overline{y}_j\right)\right]$$

$$= V_1 \left[\frac{N}{n} \sum_{j=1}^{n} E_2(M_j^* \overline{y}_j) \right]$$

$$= V_1 \left[\frac{N}{n} \sum_{j=1}^{n} y_j \right]$$

$$= N^2 V_1(\overline{y})$$

$$= \frac{N^2}{n}(1 - f_1) \frac{\sum_{i=1}^{N}(Y_i - \overline{Y})^2}{N - 1} \tag{A}$$

$$D = E_1 \left[V_2(\hat{Y}_u) \right]$$

$$= E_1 \left[\frac{N^2}{n^2} \sum_{j=1}^{n} M_j^{*^2} V_2(\overline{y}_j) \right]$$

$$= E_1 \left[\frac{N^2}{n^2} \sum_{j=1}^{n} M_j^{*^2} \frac{(1 - f_{2j})}{m_j} s_{2j}^2 \right].$$

令 $I_i = \begin{cases} 1 & \text{若第 } i \text{ 個群集被選入樣本,} \\ 0 & \text{若第} i \text{ 個群集不被選入樣本。} \end{cases}$

則 $E_1(I_i) = \dfrac{n}{N}$.

由此, $E_1[V_2(\hat{Y}_u)] = E_1 \left[\dfrac{N^2}{n^2} \sum\limits_{j=1}^{n} M_j^{*^2} \dfrac{(1 - f_{2j})}{m_j} s_{2j}^2 \right]$

$$= E_1 \left[\frac{N^2}{n^2} \sum_{i=1}^{N} I_i M_i^2 \frac{(1 - f_{2i})}{m_i} s_{2i}^2 \right]$$

$$= \frac{N}{n} \sum_{i=1}^{N} M_i^2 \frac{(1 - f_{2i})}{m_i} S_{2i}^2. \tag{B}$$

由(A)、(B)得

$$Var(\hat{Y}_u) = \frac{N^2}{n}(1 - f_1) \frac{\sum_{i=1}^{N}(Y_i - \overline{Y})^2}{N - 1} + \frac{N}{n} \sum_{i=1}^{N} \frac{M_i^2(1 - f_{2i})S_{2i}^2}{m_i}.$$

(2) 欲證：$E\left[\dfrac{N^2}{n}(1-f_1)\displaystyle\sum_{j=1}^{n}\dfrac{(M_j^*\overline{y}_j-\hat{Y}_u/N)^2}{n-1}+\dfrac{N}{n}\sum_{j=1}^{n}\dfrac{M_j^{*2}(1-f_{2j})s_{2j}^2}{m_j}\right]$

$$=\dfrac{N^2}{n}(1-f_1)\dfrac{\sum\limits_{i=1}^{N}(Y_i-\overline{Y})^2}{N-1}+\dfrac{N}{n}\sum_{i=1}^{N}\dfrac{M_i^2(1-f_{2j})S_{2j}^2}{m_i}.$$

由於 $\quad E\left[\displaystyle\sum_{j=1}^{n}(M_j^*\overline{y}_j-\hat{Y}_j^2/N)^2\right]$

$$= \quad E\left[\sum_{j=1}^{n}(M_j^*\overline{y}_j)^2-\dfrac{n}{N^2}\hat{Y}_u^2\right]$$

$$= \quad E_1E_2\left[\sum_{j=1}^{n}(M_j^*\overline{y}_j)^2\right]-\dfrac{n}{N^2}\left[Var(\hat{Y}_u)+Y^2\right]$$

$$= \quad E_1\left[\sum_{j=1}^{n}y_j^2+\sum_{j=1}^{n}\dfrac{M_j^{*2}(1-f_{2j})s_{2j}^2}{m_j}\right]-\dfrac{n}{N^2}Var\hat{Y}_u-n\overline{Y}^2$$

$$= \quad \dfrac{n}{N}\sum_{i=1}^{N}(Y_j^2-\overline{Y}^2)+\dfrac{n}{N}\sum_{i=1}^{N}\dfrac{M_i^2(1-f_{2i})S_{2i}^2}{m_i}$$

$$\quad -\left[(1-f_1)\dfrac{\sum\limits_{i=1}^{N}(Y_i-\overline{Y})^2}{N-1}+\dfrac{1}{N}\sum_{i=1}^{N}\dfrac{M_i^2(1-f_{2i})S_{2i}^2}{m_i}\right]$$

$$= \quad [f_1(N-1)-(1-f_1)]\dfrac{\sum\limits_{i=1}^{N}(Y_i-\overline{Y})^2}{N-1}$$

$$\quad +\left(f_1-\dfrac{1}{N}\right)\sum_{i=1}^{N}\dfrac{M_i^2(1-f_{2i})S_{2i}^2}{m_i}$$

$$= \quad (n-1)\cdot\dfrac{\sum\limits_{i=1}^{N}(Y_i-\bar{Y})^2}{N-1}+\dfrac{n-1}{N}\sum_{i=1}^{N}\dfrac{M_i^2(1-f_{2i})S_{2i}^2}{mi}$$

及 $E\left[\displaystyle\sum_{j=1}^{n}\dfrac{M_j^{*2}(1-f_{2j})s_{2j}^2}{m_j}\right]=E_1E_2\left[\displaystyle\sum_{j=1}^{n}\dfrac{M_j^{*2}(1-f_{2j})s_{2j}^2}{m_j}\right]$

$$=E_1\left[\sum_{j=1}^{n}\dfrac{M_j^{*2}(1-f_{2j})s_{2j}^2}{m_j}\right]$$

$$=\dfrac{n}{N}\sum_{i=1}^{N}\dfrac{M_i(1-f_{2i})S_{2i}^2}{m_i}.$$

所以 $E\left[\dfrac{N^2}{n}(1-f_1)\dfrac{1}{n-1}\displaystyle\sum_{j=1}^{n}\left(M_j^{*}\overline{y}_j-\dfrac{\hat{Y}_u}{N}\right)^2\right.$

$$\left.+\dfrac{N}{n}\sum_{j=1}^{n}\dfrac{M_j^{*2}(1-f_{2j})s_{2j}^2}{m_j}\right]$$

$$=\dfrac{N^2}{n(n-1)}(1-f_1)\left[(n-1)\dfrac{\displaystyle\sum_{i=1}^{N}(Y_i-\overline{Y})^2}{N-1}\right.$$

$$\left.+\dfrac{n-1}{N}\sum_{i=1}^{N}\dfrac{M_i^2(1-f_{2i})S_{2i}^2}{m_i}\right]+\dfrac{N}{n}\left[\dfrac{n}{N}\sum_{i=1}^{N}\dfrac{M_i^2(1-f_{2i})S_{2i}^2}{m_i}\right]$$

$$=\dfrac{N^2}{n}(1-f_1)\dfrac{\displaystyle\sum_{i=1}^{N}(Y_i-\bar{Y})^2}{N-1}+\dfrac{N}{n}(1-f_1)\sum_{i=1}^{N}\dfrac{M_i^2(1-f_{2i})S_{2i}^2}{m_i}$$

$$+\sum_{i=1}^{N}\dfrac{M_i^2(1-f_{2i})S_{2i}^2}{m_i}$$

$$=\dfrac{N^2}{n}(1-f_1)\dfrac{\displaystyle\sum_{i=1}^{N}(Y_i-\overline{Y})^2}{N-1}+\dfrac{N}{n}\sum_{i=1}^{N}\dfrac{M_i^2(1-f_{2i})S_{2i}^2}{m_i}.$$

即 $E\left[\widehat{Var}(\hat{Y}_u)\right]=Var(\hat{Y}_u)$,

$\dfrac{N^2}{n}(1-f_1)\displaystyle\sum_{j=1}^{n}\dfrac{\left(M_j^{*}\overline{y}_j-\hat{Y}_u/N\right)^2}{n-1}+\dfrac{N}{n}\sum_{j=1}^{n}\dfrac{M_j^{*2}(1-f_{2j})S_{2j}^2}{m_j}$ 為 $Var(\hat{Y}_u)$

的不偏估計式。

14. 考慮二階段的群集抽樣，第一階段以機率 $P_i = \dfrac{M_i}{M_0}$ 進行非均勻機率抽樣抽取 n 個群集。第二階段仍依簡單隨機抽樣（不置回）原理操作。試證明：

(1) $\hat{Y}_p = \dfrac{1}{n} \sum\limits_{j=1}^{n} \dfrac{M_j \bar{y}_j}{P_j^*}$ 為母體總數 Y 的不偏估計量，其中 P_j^* 為樣本中，

第 j 個群集所對應的機率權數。

(2) $\widehat{Var}(\hat{Y}_p) = \dfrac{1}{n(n-1)} \sum\limits_{j=1}^{n} \left(\dfrac{M_j \bar{y}_j}{P_j^*} - \hat{Y}_p \right)^2$ 為 $Var(\hat{Y}_p)$ 的不偏估計量。

證 (1) 令 E_1 表示第一階段抽樣之期望值，

E_2 表示第二階段抽樣之期望值。

$E(\hat{Y}_p) = E_1 E_2(\hat{Y}_p)$

$$= E_1 \left[E_2 \left(\frac{1}{n} \sum_{j=1}^{n} \frac{M_j \bar{y}_j}{P_j^*} \right) \right]$$

$$= E_1 \left[\frac{1}{n} \sum_{j=1}^{n} \frac{y_j}{P_j^*} \right]$$

$$= \frac{1}{n} \sum_{j=1}^{n} E_1 \left(\frac{y_j}{P_j^*} \right)$$

$$= \frac{1}{n} \sum_{j=1}^{n} \left[\sum_{i=1}^{N} \frac{Y_i}{P_i} P(y_j = Y_i) \right] \quad （註： P(y_j = Y_i) = P_i）$$

$$= Y.$$

所以 $\hat{Y}_P = \dfrac{1}{n} \sum\limits_{j=1}^{n} \dfrac{M_j \bar{y}_j}{P_j^*}$ 為 Y 的不偏估計量。

(2) $E \left[\widehat{Var}(\hat{Y}_p) \right] = \dfrac{1}{n(n-1)} E \left[\sum\limits_{j=1}^{n} \left(\dfrac{M_j \bar{y}_j}{P_j^*} - \hat{Y}_p \right)^2 \right]$

$$= \frac{1}{n(n-1)} E \left[\sum_{j=1}^{n} \frac{M_j^2 \bar{y}_j^2}{P_j^{*2}} - n\hat{Y}_p^2 \right]$$

$$= \frac{1}{n(n-1)} \left\{ \sum_{j=1}^{n} \left[E\left(\frac{M_j \overline{y}_j}{P_j^*}\right) \right]^2 + \sum_{j=1}^{n} Var\left(\frac{M_j \overline{y}_j}{P_j^*}\right) - \right.$$

$$\left. n\left[Y^2 + Var(\hat{Y}_p) \right] \right\}$$

$$= \frac{1}{n(n-1)} \left[\sum_{j=1}^{n} \left(E_1 E_2 \frac{M_j \overline{y}_j}{P_j^*} \right)^2 + Var\left(\sum_{j=1}^{n} \frac{M_j \overline{y}_j}{P_j^*} \right) - \right.$$

$$\left. nY^2 - nVar\hat{Y}_p \right]$$

$$= \frac{1}{n(n-1)} \left[nY^2 + Var(n\hat{Y}_p) - nY^2 - nVar(\hat{Y}_p) \right]$$

$$= \frac{1}{n(n-1)} \left[n(n-1)Var(\hat{Y}_p) \right]$$

$$= Var(\hat{Y}_p).$$

所以 $\dfrac{1}{n(n-1)} \sum_{j=1}^{n} \left(\dfrac{M_j \overline{y}_j}{P_j^*} - \hat{Y}_p \right)^2$ 爲 $Var(\hat{Y}_p)$ 之不偏估計量。

15. 何謂系統抽樣設計? 它與分層抽樣設計有何異同之處?

解 詳見第四章第五節。

16. 設系統抽樣設計下的樣本平均數爲 $\overline{y}$, 試證 $Var(\overline{y}) = \dfrac{N-1}{N}S^2 - \dfrac{k(n-1)}{N} \cdot$

S_*^2, 其中 S^2 爲母體變異數, $S_*^2 = \dfrac{1}{k(n-1)} \sum_{i=1}^{k} \sum_{j=0}^{n-1} (Y_{i+jk} - \overline{Y}_{(i)})^2$, $N =$

nk, 另證, 在樣本數相同之下, 系統抽樣下的樣本平均數比簡單隨機抽樣

（不置回）下的樣本平均數較精確, 若且唯若

$$S_*^2 > S^2.$$

證 $(N-1)S^2 = \sum_{i=1}^{k} \sum_{j=0}^{n-1} (Y_{ij} - \overline{Y})^2$

$$= n \sum_i (\overline{Y}_{(i)} - \overline{Y})^2 + \sum_{i=1}^{k} \sum_{j=0}^{n-1} \left(Y_{ij} - \overline{Y}_{(i)}\right)^2$$

但 $Var(\overline{y}) = \dfrac{1}{k} \sum_{i=1}^{k} \left(\overline{Y}_{(i)} - \overline{Y}\right)^2$

所以 $(N-1)S^2 = nk Var(\overline{y}) + k(n-1)S_*^2.$

又 $nk = N$，因此 $Var(\overline{y}) = \dfrac{N-1}{N} S^2 - \dfrac{k(n-1)}{N} S_*^2.$

又，在簡單隨機抽樣設計下，樣本平均數之變異數 $V_{ran}(\overline{y})$ 為 $\dfrac{N-n}{N} \cdot \dfrac{S^2}{n}$，

而在系統抽樣設計下，樣本平均數 $V_{sy}(\overline{y}) = \dfrac{N-1}{N} S^2 - \dfrac{k(n-1)}{N} S_*^2$。

所以　　$V_{sy}(\overline{y}) < V_{ran}(\overline{y})$，

$$\Longleftrightarrow \frac{(N-1)S^2}{N} - \frac{k(n-1)}{N} S_*^2 < \frac{N-n}{N} \frac{S^2}{n},$$

$$\Longleftrightarrow k(n-1)S_*^2 > \left[(N-1) - \frac{N-n}{n}\right] S^2 = k(n-1)S^2,$$

$$\Longleftrightarrow S_*^2 > S^2.$$

故得證。

17. 當母體總個數 N 無法被樣本數 n 整除時，設 $N = nk + r$，$0 < r < k$，且 r 為整數。若系統抽樣取得第 j 個樣本，則證明 $\dfrac{y_{(j)}}{N/k}$ 為 $\overline{Y}$ 的不偏估計量。

證 $E\left(\dfrac{y_{(j)}}{N/k}\right) = \dfrac{k}{N} E(y_{(j)})$

$$= \frac{k}{N} \sum_{j=1}^{k} y_{(j)} \cdot \frac{1}{k}$$

但 $N = nk + r$，

當 $1 \leq j \leq r$ 時，$y_{(j)} = \sum_{i=0}^{n} y_{j+ik}.$

當 $r+1 \leq j \leq k$ 時，$y_{(j)} = \sum_{i=1}^{n-1} y_{j+ik}.$

因爲 $E\left(\dfrac{y_{(j)}}{N/k}\right) = \dfrac{k}{N}\sum\limits_{j=1}^{k} y_{(j)} \cdot \dfrac{1}{k}$

$$= \dfrac{1}{N}\left(\sum_{j=1}^{r} y_{(j)} + \sum_{j=r+1}^{k} y_{(j)}\right)$$

$$= \dfrac{1}{N}\left(\sum_{j=1}^{r}\sum_{i=0}^{n} y_{j+ik} + \sum_{j=r+1}^{k}\sum_{i=1}^{n-1} y_{j+ik}\right)$$

$$= \dfrac{1}{N} \cdot Y$$

$$= \overline{Y}.$$

所以 $\dfrac{y_{(j)}}{N/k}$ 爲 $\overline{Y}$ 的不偏估計量。

第五章　非機率抽樣、抽樣方法之比較及抽樣工具

1. 常見的非機率抽樣設計有那些? 其設計方法各如何?

解 見第五章一、主要四種非機率抽樣。

2. 試對以下的抽樣設計方法作優劣性的比較: (1)簡單隨機抽樣; (2)分層抽樣; (3)一階段群集抽樣; (4)多階段群集抽樣; (5)系統抽樣; (6)判斷抽樣。

解 詳見第五章表 5–1。

3. 試述三種常見的電話號碼抽樣法。

解 (1) 電話號碼簿抽樣: 利用最新版的電話號碼簿（住宅部分）, 以系統抽樣法抽出樣本戶的電話號碼。

(2) 隨機撥號: 利用電話號碼的局碼（電話號碼的前三碼）, 再依地理區域分配特性, 以隨機抽樣法抽出局碼及其後的四位數字, 直至抽出所需樣本數號碼。

(3) 1^{+} 系統（One-plus）: 利用電話號碼簿, 以系統抽樣法抽出樣本戶的

電話號碼，再以這些號碼最後一位數字加 1 而得所抽樣本號碼。如抽出為 762–0021，樣本撥號為 762–0022，以此類推找出所需樣本數。

第六章 非抽樣誤差

1. 試詳述各種增加問卷回收率的辦法。

解 詳見第六章第一節四。

2. 試論如何應用雙重抽樣的設計來減少未回卷的情形。

解 雙重抽樣法的精神是假設母體可以分成二個子母體：A_1：「回卷者」，A_2：「未回卷者」；此外，子母體 A_i 中有 N_i 個單位，$N_1 + N_2 = N$. 假設簡單隨機抽樣獲得樣本數 n 的樣本中有 n_1 個回卷樣本及 n_2 個未回卷樣本。雙重抽樣法建議在未回卷中隨機取 $m_2 = \dfrac{n_2}{k}$（k 是事前確定的已知值）個樣本進行全力調查，且假設 m_2 個樣本都獲得回卷。

3. 在雙重抽樣的設計下，母體平均數的估計量為何？試詳細說明其理論依據。

解 假設在第一輪 n_1 個回卷樣本中的平均數為 $\overline{y}_1$；第二輪 m_2 個樣本中的平均數為 $\overline{y}_{2m}$，則母體平均數的估計量為 $\overline{y} = \left(\dfrac{n_1}{n}\right)\overline{y}_1 + \left(\dfrac{n_2}{n}\right)\overline{y}_{2m}$. 因為第二輪的抽樣結果會得到 $E_2(\overline{y}_{2m}) = \overline{y}_2$，是第一輪未回卷樣本中的平均數（未知的），因此

$$E(\overline{y}) = E\left[E\left(\frac{n_1}{n}\overline{y}_1 + \frac{n_2}{n}\overline{y}_{2m}\,\middle|\,n_1, n_2\right)\right]$$

$$= E\left[\frac{n_1}{n}E(\overline{y}_1) + \frac{n_2}{n}E(\overline{y}_{2m})\right]$$

$$= E\left(\frac{n_1}{n}\overline{y}_1 + \frac{n_2}{n}\overline{y}_2 m\right)$$

$$= \overline{Y}$$

即 $\overline{y} = \dfrac{n_1}{n}\overline{y}_1 + \dfrac{n_2}{n}\overline{y}_{2m}$ 為母體平均數 $\overline{Y}$ 的估計量。

第七章 處理未回卷的調整及設算法

1. 考慮應用簡單隨機抽樣設計在一個個數爲 N 的母體中抽取 n 個樣本。設僅有 m 個樣本回卷，且每一個被抽入樣本的單位都有相同的回卷機率。試證明：

(1) 回卷樣本中的樣本平均數 $\tilde{y}$ 是母體平均數的不偏估計量。

(2) $Var(\tilde{y} \mid m) = \left(\dfrac{1}{m} - \dfrac{1}{N} \right) S^2$.

(3) 在此資料結構下，$\tilde{s}^2 = \dfrac{1}{m-1} \sum\limits_{i=1}^{m} (y_i - \tilde{y})^2$ 是 S^2 的不偏估計量，其中 y_i 爲回卷樣本中的觀察值。

證 (1) 定義 $R_i = \begin{cases} 1 & \text{若第 } i \text{ 個母體單位被抽入樣本後會有回卷,} \\ 0 & \text{若第 } i \text{ 個母體單位被抽入樣本後不會有回卷。} \end{cases}$

且 I_i 爲第 i 個母體單位被抽中的指示變數，則

$$P_r(R_i = 1 \mid I_i = 1) = \frac{m}{n} \text{ 且 } \tilde{y} = \frac{1}{m} \sum_{i=1}^{m} y_i = \frac{1}{m} \sum_{i=1}^{N} I_i R_i Y_i.$$

另，
$$\begin{aligned} E(\tilde{y}) &= \frac{1}{m} \sum_{i=1}^{N} E(I_i R_i Y_i) \\ &= \frac{1}{m} \sum_{i=1}^{N} E(I_i) E(R_i \mid I_i) \cdot Y_i \\ &= \frac{1}{m} \sum_{i=1}^{N} \frac{n}{N} \cdot \frac{m}{n} Y_i \\ &= \sum_{i=1}^{N} \frac{Y_i}{N} \\ &= \overline{Y}. \end{aligned}$$

所以 $\tilde{y}$ 是母體平均數的不偏估計量。

$$(2)\ Var(\tilde{y}|m)\ =\ Var\left(\frac{1}{m}\sum_{i=1}^{N}I_iR_iY_i\Big|m\right)$$

$$=\ E\left\{Var\left[\left(\frac{1}{m}\sum_{i=1}^{N}I_iR_iY_i\Big|m\right)\Big|I_i\right]\right\}$$

$$+Var\left\{E\left[\left(\frac{1}{m}\sum_{i=1}^{N}I_iR_iY_i\Big|m\right)I_i\right]\right\}$$

$$=\ E\left\{E\left(\frac{1}{m}\sum_{i=1}^{N}I_iR_iY_i\Big|I_i,m\right)^2\right.$$

$$\left.-\left[E\left(\frac{1}{m}\sum_{i=1}^{N}R_iI_iY_i\Big|I_i,m\right)\right]^2\Big|m\right\}+Var\left(\frac{1}{n}\sum_{i=1}^{N}I_iY_i\Big|m\right)$$

$$=\ E\left[\frac{1}{m^2}E\left(\sum_{i=1}^{N}I_iR_iY_i^2+\sum_{\substack{i=1\\i\neq1}}^{N}I_iI_jR_iR_jY_iY_j\Big|I_i,m\right)\right.$$

$$\left.-\left(\frac{1}{n}\sum_{i=1}^{N}I_iY_i\right)^2\Big|m\right]+\frac{1}{n}\left(1-\frac{n}{N}\right)S^2$$

$$=\ E\left[\frac{1}{m^2}\left(\frac{m}{n}\sum_{i=1}^{N}I_iY_i^2+\sum_{\substack{i\neq1\\i,j=1}}^{N}\frac{m}{n}\cdot\frac{m-1}{n-1}I_iI_jY_iY_j\right)\right.$$

$$\left.-\bar{y}^2\Big|m\right]+\frac{1}{n}\left(1-\frac{n}{N}\right)S^2$$

$$=\ \frac{1}{m^2}\left\{\frac{m}{n}\cdot\frac{n}{N}\sum_{i=1}^{N}Y_i^2+\frac{m}{n}\cdot\frac{m-1}{n-1}\cdot\frac{n}{N}\cdot\frac{n-1}{N-1}\sum_{\substack{i,j=1\\i\neq j}}^{N}Y_iY_j\right.$$

$$\left.-\left[Var(\bar{y}|m)+\bar{Y}^2\right]+\frac{1}{n}\left(1-\frac{n}{N}\right)S^2\right\}$$

$$=\ \frac{1}{mN}\sum_{i=1}^{N}Y_i^2+\frac{m-1}{mN(N-1)}\left(N^2\overline{Y}^2-\sum_{i=1}^{N}Y_i^2\right)$$

$$-\frac{1}{n}\left(1-\frac{n}{N}\right)S^2-\overline{Y}^2+\frac{1}{n}\left(1-\frac{n}{N}\right)S^2$$

（因爲 $N^2\overline{Y}^2 = \left(\sum\limits_{i=1}^{N} Y_i\right)^2 = \sum\limits_{i=1}^{N} Y_i^2 + \sum\limits_{\substack{i,j=1\\i\neq j}}^{N} Y_iY_j$,

所以 $\sum\limits_{\substack{i,j=1\\i\neq j}}^{N} Y_iY_j = N^2\overline{Y}^2 - \sum\limits_{i=1}^{N} Y_i^2$)

$$= \left[\frac{1}{mN} - \frac{m-1}{mN(N-1)}\right]\sum\limits_{i=1}^{N} Y_i^2 + \left[\frac{N(m-1)}{m(N-1)} - 1\right]\overline{Y}^2$$

$$= \frac{N-m}{mN(N-1)}\left(\sum\limits_{i=1}^{N} Y_i^2 - N\overline{Y}^2\right)$$

$$= \frac{1}{m}\left(1 - \frac{m}{N}\right)S^2$$

$$= \left(\frac{1}{m} - \frac{1}{N}\right)S^2.$$

(3) $\tilde{s}^2 = \dfrac{1}{m-1}\sum\limits_{i=1}^{m}(y_i - \tilde{y})^2$，所以

$$(m-1)E(\tilde{s}^2\,|m) = E\left[\sum\limits_{i=1}^{m}(y_i-\tilde{y})^2\Big|m\right]$$

$$= E\left(\sum\limits_{i=1}^{m} y_i^2 - m\tilde{y}^2\Big|m\right)$$

$$= E\left(\sum\limits_{i=1}^{N} I_iR_iY_i^2\Big|m\right) - m\left[Var(\tilde{y}\,|m) + \overline{Y}^2\right]$$

（因爲 $E(X^2) = VarX + E(X)^2$）

$$= \frac{m}{n}\cdot\frac{n}{N}\sum\limits_{i=1}^{N} Y_i^2 - m\left(\frac{1}{m} - \frac{1}{N}\right)S^2 - m\overline{Y}^2$$

$$= \frac{m}{N}\left(\sum\limits_{i=1}^{N} Y_i^2 - N\bar{Y}^2\right) - \left(1 - \frac{m}{N}\right)S^2$$

$$= \frac{m}{N}(N-1)S^2 - \left(1 - \frac{m}{N}\right)S^2$$

$$= (m-1)S^2.$$

所以 $\tilde{s}^2$ 是 S^2 的不偏估計量。

2. 在處理未回卷的調整法中，什麼是事後分層法（poststratification approach）？什麼是對層加權法（weighting-class approach)？應用的時機爲何？優缺點各如何？

解 在處理未回卷的調整時，假設母體可以適當的分成數個子母體，且子母體內的單位若被抽入樣本，則其回卷機率相同，但不同子母體內的單位回卷機率不一定相同。假設母體分成 L 個子母體，第 h 個子母體的樣本數爲 n_h，總單位數 N_h，其中第 i 個單位值以 Y_{hi} 表示，則：

⑴ 事後分層法：以 $\tilde{y}_s = \sum_{h=1}^{L} \dfrac{N_h}{N} \tilde{y}_h$ 來估計母體平均數。

⑵ 對層加權法：以 $\tilde{y}_c = \sum_{h=1}^{L} \dfrac{n_h}{n} \tilde{y}_h$ 來估計母體平均數。

其中 $\tilde{y}_h$ 表示第 h 個子母體的樣本平均數。

應用事後分層法時須假設 N_h 及 n_h（第 h 個子母體的回卷數）爲已知，而應用對層加權法不須假設 N_h 已知，用 n_h 去加權即可。$\tilde{y}_s$ 可以視爲是應用母體比例權數來調整估計量，$\tilde{y}_c$ 可視爲應用樣本比例權數來調整估計量，二者均爲母體平均數的不偏估計量，但 $\tilde{y}_s$ 的變異數比 $\tilde{y}_c$ 的變異數小。

3. 何謂「設算法」（imputation）？舉出二種常用的設算法並說明其理論基礎。

解 設算法一般是指對項目未回卷（item nonresponse）的情形，以某種規則添加一個可用的數字，當作該項目答案的一種方法。常用的設算法有：

⑴ 平均設算法。

⑵ 「熱卡」法（hot deck method）。

假設樣本數爲 n 的樣本僅觀察到 m 個樣本 $\{y_1, \cdots, y_m\}$，另假設 y_{m+j}，$(j = 1, \cdots, n-m)$ 爲遺失或沒有觀察到的數據。平均設算法是用 $\overline{y}_1 =$

$\dfrac{1}{m}\sum\limits_{i=1}^{m}y_i$ 去設算 y_{m+j}，即設算後的資料爲 $\{y_1,\cdots,y_m,\overline{y}_1,\cdots\overline{y}_1\}$.

而熱卡法是首先將資料做事後分層，然後在每一層內隨機抽取層內已觀
察到的答案來當作層內沒有觀察到的答案的設算值。因爲是用目前觀察
到的樣本資料做設算的基礎，因此叫熱卡。一般使用熱卡法的假設是層
內回卷單位的變數值分配和未回卷單位的數值分配是一樣的，因此我們
希望分層所使用的變數和母體特徵值變數的相關性要愈高愈好。熱卡法
的功能主要是降低未回卷所產生估計的偏差。

4. 假設完整資料時，我們應用統計量 v 來估計母體特徵值 V，其變異數估計
  量設爲 s_v^2. 在不完整資料下，如何應用多重設算法來估計 V 及該估計量的
  變異數?

解 (1) 重複設算獲取 L 組「完整」資料集合 $C_1,C_2,\cdots,C_L$，$L>\dfrac{n}{m}$（n: 樣
    本數，m: 觀察到的樣本數）.

  (2) 用資料集合 C_k 計算 v 及 s_v^2 得到 v_k^* 及 $s_{v,k}^{*2}$.

  (3) 計算 $\overline{v}^*=\dfrac{1}{L}\sum\limits_{k=1}^{L}v_k^*$，及

$$\widehat{Var}(\overline{v}^*)=\left(\dfrac{1}{L}\sum_{k=1}^{L}s_{v,k}^{*2}\right)+\left(1+\dfrac{1}{L}\right)\cdot\dfrac{\sum\limits_{k=1}^{L}(v_k^*-\overline{v}^*)^2}{(L-1)}.$$

  (4) $\overline{v}^*$ 用來估計 V；$\overline{v}^*$ 的變異數估計量爲 $\widehat{Var}(\overline{v}^*)$.

5. 加權調整法及設算法均是處理遺漏數據情況下的調整法，二者有何不同?

解 加權調整法主要是針對單位未回卷（unit non-response）的情形而用的處
  理方法，而後者，則是針對項目未回答（item non-response）的情形來處
  理。加權調整是單一之全域調整，它可同時彌補所有項目之遺漏反應。而設
  算僅是針對某特別項目遺失（未回答）來處理。因此在應用上所需要的相
  關資料稍有不同。

第八章　處理敏感問題的隨機反應法

1. 第一節中討論到 Warner 的隨機反應模型，其中 $\hat{\pi}_A$ 為 π_A 的不偏估計量。
試證明 $\widehat{Var}(\hat{\pi}_A)$ 也是 $Var(\hat{\pi}_A)$ 的不偏估計量。

證 在第一節中提到 $\widehat{Var}(\hat{\pi}_A) = (1-f) \left\{ \dfrac{\hat{\pi}_A(1-\hat{\pi}_A)}{n-1} \right.$

$$\left. + \dfrac{1}{n-1}\left[\dfrac{1}{16(p-0.5)^2} - \dfrac{1}{4}\right]\right\}.$$

而

$$\dfrac{n-1}{1-f} E\left[\widehat{Var}(\hat{\pi}_A)\right] = E\left\{\hat{\pi}_A(1-\hat{\pi}_A) + \left[\dfrac{1}{16(p-0.5)^2} - \dfrac{1}{4}\right]\right\}$$

$$= E(\hat{\pi}_A) - E(\hat{\pi}_A^2) + \left[\dfrac{1}{16(p-0.5)^2} - \dfrac{1}{4}\right]$$

$$= \pi_A - (Var(\hat{\pi}_A) + \pi_A^2) + \left[\dfrac{1}{16(p-0.5)^2} - \dfrac{1}{4}\right]$$

$$= \pi_A(1-\pi_A) + \left[\dfrac{1}{16(p-0.5)^2} - \dfrac{1}{4}\right] - Var(\hat{\pi}_A).$$

$$(*)$$

又因為 $Var(\hat{\pi}_A) = (1-f)\dfrac{N}{N-1}\dfrac{1}{n}\left\{\pi_A(1-\pi_A) + \left[\dfrac{1}{16(p-0.5)^2} - \dfrac{1}{4}\right]\right\}$

所以 $\pi_A(1-\pi_A) + \left[\dfrac{1}{16(p-0.5)^2} - \dfrac{1}{4}\right] = \dfrac{n(N-1)}{(1-f)N}Var(\hat{\pi}_A).$

以上結果代入（＊）得 $\dfrac{n-1}{1-f}E\left[\widehat{Var}(\hat{\pi}_A)\right] = \left[\dfrac{n(N-1)}{(1-f)N} - 1\right]Var(\hat{\pi}_A)$

$$= \dfrac{nN-n-N-n}{(1-f)N}Var(\hat{\pi}_A)$$

$$= \dfrac{n-1}{1-f}Var(\hat{\pi}_A).$$

即 $E(\widehat{Var}(\hat{\pi}_A)) = Var(\hat{\pi}_A)$.

所以得證 $\widehat{Var}(\hat{\pi}_A)$ 爲 $Var(\hat{\pi}_A)$ 之不偏估計量.

2. 在非關係問題的隨機反應模型中牽涉到 n_1 和 n_2 樣本數的抉擇。試證明最
佳的 n_1 和 n_2 選擇應滿足:

(1) $n_1 + n_2 = n$,

(2) $\dfrac{n_1}{n_2} = \sqrt{\dfrac{(1-p_2)^2 \lambda_1(1-\lambda_1)}{(1-p_1)^2 \lambda_2(1-\lambda_2)}}$.

證 在第二節中提到非關係問題隨機反應模型,

$$Var\,\hat{\pi}_{AU2} \doteq \left(\frac{1-p_2}{p_1-p_2}\right)^2 \cdot \frac{\lambda_1(1-\lambda_1)}{n_1} + \left(\frac{1-p_1}{p_1-p_2}\right)^2 \cdot \frac{\lambda_2(1-\lambda_2)}{n_2}.$$

我們希望選擇適當的 n_1, n_2 使得 $Var(\hat{\pi}_{AU2})$ 最小。由 Cauchy–Schwarz 不
等式可得:

$$\left[\frac{(1-p_2)^2 \lambda_1(1-\lambda_1)}{n_1} + \frac{(1-p_1)^2 \lambda_2(1-\lambda_2)}{n_2}\right](n_1 + n_2)$$

$$\geq \left\{(1-p_2)\left[\lambda_1(1-\lambda_1)\right]^{\frac{1}{2}} + (1-p_1)\left[\lambda_2(1-\lambda_2)\right]^{\frac{1}{2}}\right\}^2.$$

且上式等號成立, 若且唯若,

$$\frac{\sqrt{\dfrac{(1-p_2)^2 \lambda_1(1-\lambda_1)}{n_1}}}{\sqrt{n_1}} = \frac{\sqrt{\dfrac{(1-p_1)^2 \lambda_2(1-\lambda_2)}{n_2}}}{\sqrt{n_2}} = 常數。$$

即 $\dfrac{n_1}{n_2} = \sqrt{\dfrac{(1-p_2)^2 \lambda_1(1-\lambda_1)}{(1-p_1)^2 \lambda_2(1-\lambda_2)}}$, 且 $n_1 + n_2 = n$.

3. 假設於非關係問題的隨機反應模型中選取 $p_2 = 0$, $p_1 = p$, 且 $p \in (p_0^*, 1)$,

$p_0^* = \dfrac{(3-\sqrt{5})}{2}$. 試證明對任意之 π_A, π_Y, $0 \leq \pi_A$, $\pi_Y \leq 1$, 我們可得

$$Var(\hat{\pi}_A) > Var(\hat{\pi}_{AU2})$$

證 $Var(\hat{\pi}_A)$

$$= (1-f)\frac{\lambda(1-\lambda)}{n(2p-1)^2}\frac{N}{N-1}$$

$$= \frac{1-f}{n}\frac{N}{N-1}\left[\pi_A(1-\pi_A)+\frac{1}{16(p-0.5)^2}-\frac{1}{4}\right].$$

$$Var(\hat{\pi}_{AU2})\doteqdot\left(\frac{1-p_2}{p_1-p_2}\right)^2\frac{\lambda_1(1-\lambda_1)}{n_1}+\left(\frac{1-p_1}{p_1-p_2}\right)^2\frac{\lambda_2(1-\lambda_2)}{n_2}.$$

又 n_1、n_2 的最佳配置是： $\dfrac{n_1}{n_2}=\sqrt{\dfrac{\lambda_1(1-\lambda_1)(1-p_2)^2}{\lambda_2(1-\lambda_2)(1-p_1)^2}}$, $n_1+n_2=n$.

得 $\begin{cases} n_1=n\cdot\dfrac{\sqrt{\lambda_1(1-\lambda_1)}(1-p_2)}{\sqrt{\lambda_1(1-\lambda_1)}(1-p_2)+\sqrt{\lambda_2(1-\lambda_2)}(1-p_1)}, \\[4mm] n_2=n\cdot\dfrac{\sqrt{\lambda_2(1-\lambda_2)}(1-p_1)}{\sqrt{\lambda_1(1-\lambda_1)}(1-p_2)+\sqrt{\lambda_2(1-\lambda_2)}(1-p_1)}. \end{cases}$

代入 $Var(\hat{\pi}_{AU2})$ 得:

$$Var(\hat{\pi}_{AU2})\doteqdot\frac{[(1-p_1)\sqrt{\lambda_2(1-\lambda_2)}+(1-p_2)\sqrt{\lambda_1(1-\lambda_1)}]^2}{n(p_1-p_2)^2}.$$

又 $p_1=p$, $p_2=0\Rightarrow\lambda_2=\pi_Y$, $\lambda_1=p\pi_A+(1-p)\pi_Y$

所以 $Var(\hat{\pi}_{AU2})\doteqdot\dfrac{1}{np^2}\left\{(1-p)\left[\pi_Y(1-\pi_Y)\right]^{\frac{1}{2}}+[(p\pi_A+(1-p)\pi_Y)\right.$

$$\left.(1-(p\pi_A+(1-p)\pi_A))]^{\frac{1}{2}}\right\}^2$$

令 $f(\pi_Y)=[\pi_Y(1-\pi_Y)]^{\frac{1}{2}}=f(1-\pi_Y)\Rightarrow f''(\pi_Y)<0.$

則 $Var(\pi_{AU2})\doteqdot\dfrac{1}{np^2}\{(1-p)f(\pi_Y)+f[p\pi_A+(1-p)\pi_Y]\}\equiv g(\pi_Y)\cdot\dfrac{1}{np^2}.$

又 $g'(\pi_Y) = (1-p)f'(\pi_Y) + \dfrac{\partial}{\partial \pi_Y} f[1 - p\pi_A - (1-p)\pi_Y]$ $(\because f(x) = f(1-x))$

$$= (1-p)\{f'[\pi_Y] - f'(1 - p\pi_A - (1-p)\pi_Y]\},$$

且 $g''(\pi_Y) = (1-p)f''(\pi_Y) + (1-p)^2 f''[1 - p\pi_A - (1-p)\pi_Y] < 0$

所以當 $g'(\pi_Y) = 0$ 時, $g(\pi_Y)$ 有極大值。

即當 $\pi_Y = 1 - p\pi_A - (1-p)\pi_Y$ 時, $g(\pi_Y)$ 有極大值。

換句話說, $\pi_Y = \dfrac{1 - p\pi_A}{2 - p}$ 時, $Var(\hat\pi_{AU2})$ 有極大值。

$$\Longrightarrow \max Var(\hat\pi_{AU2}) \doteq \frac{1}{np^2} g\left(\frac{1 - p\pi_A}{2 - p}\right)$$

$$= \left[\frac{\pi_A(1 - \pi_A)}{n}\right] + \left[\frac{(1-p)}{np^2}\right]$$

而 $Var(\hat\pi_A) \doteq \dfrac{1}{n}\left[\pi_A(1 - \pi_A) + \dfrac{1}{16(p - 0.5)^2} - \dfrac{1}{4}\right]$

$$= \frac{\pi_A(1 - \pi_A)}{n} + \frac{p(1-p)}{n(2p-1)^2}$$

$\because Var(\hat\pi_A) > Var(\hat\pi_{AU2})$, 若且唯若

$$\frac{(1-p)}{p^2} < \frac{p(1-p)}{(2p-1)^2}$$

$$\Longleftrightarrow p^3 - 4p^2 + 4p - 1 > 0$$

$$\Longleftrightarrow p > \frac{3 - \sqrt{5}}{2} \left(\text{or} \frac{3 + \sqrt{5}}{2} > 1 \text{（不合）}, \text{ or } 1 \text{（不合）}\right).$$

得證。

4. 在處理定量答案的敏感問題時, 若 $\overline{X}$ 未知時, 我們可用 $\tilde{y}_{(2)}$ 來估計 $\overline{Y}$. 試提出充分的理由說明 $\widehat{Var}(\tilde{y}_{(2)})$ 可用來估計 $Var(\tilde{y}_{(2)})$。

證 $\widehat{Var}(\bar{y}_{(2)}) = \dfrac{1}{(p_1 - p_2)^2} \left[\dfrac{(1-p_2)^2}{n_1} \cdot \dfrac{\sum\limits_{j=1}^{n_1} (\bar{z}_{1j} - \bar{z}_1)^2}{n_1 - 1} + \right.$

$$\left. \dfrac{(1-p_1)^2}{n_2} \dfrac{\sum\limits_{j=1}^{n_2} (z_{2j} - \bar{z}_2)^2}{n_2 - 1} \right]$$

而 $\tilde{y}_{(2)} = \dfrac{(1-p_2)\bar{z}_1 - (1-p_1)\bar{z}_2}{p_1 - p_2}$

所以 $Var(\tilde{y}_{(2)}) = \dfrac{(1-p_2)^2 \dfrac{S_1^2}{n_1} + (1-p_1)^2 \dfrac{S_2^2}{n_2}}{(p_1 - p_2)^2}.$

又 $\quad E\left[\dfrac{\sum\limits_{j=1}^{n_1} (z_{1j} - \bar{z}_1)^2}{n_1 - 1} \right] = S_1^2, \quad E\left[\dfrac{\sum\limits_{j=1}^{n_2} (z_{2j} - \bar{z}_2)^2}{n_2 - 1} \right] = S_2^2$

所以 $\quad E[\widehat{Var}(\tilde{y}_{(2)})] = Var(\tilde{y}_{(2)}),$

即 $\widehat{Var}(\tilde{y}_{(2)})$ 爲 $Var(\tilde{y}_{(2)})$ 的不偏估計量。

第九章　估計量的分配及樣本數之決定

1. 解釋何謂

   (1) 抽樣的設計效應?

   (2) $\dfrac{n}{deff}$?

解 (1) 機率抽樣的設計效應是泛指統計量 v 在此抽樣設計下的變異數和在簡單
隨機抽樣設計的情形下的變異數之比值。

   (2) $deff = \dfrac{nVar(\bar{y}_p)}{(1-f)S^2} \Rightarrow Var(\bar{y}_p) = \dfrac{(1-f)S^2}{n/deff} = \dfrac{(1-f)S^2}{n'}$

若以簡單隨機抽樣為基礎，$\dfrac{n}{deff} = n'$ 這個量可以視為有效樣本數。

即，若要求估計的精確度一樣的話，則應用樣本數為 n 的複雜機率抽樣，其效果和應用簡單隨機抽樣但樣本數為 n' 的效果是相同的。

2. 在簡單隨機抽樣設計下，假若我們希望樣本平均數 $\bar{y}$ 和母體平均數 $\bar{Y}$ 間的差異大於 d 的機率不超過 2α（d 和 α 已知），則樣本數應至少取多大? 為何在其他複雜的抽樣設計下，我們如何決定樣本數呢?

解 (1) $P(|\bar{y} - \bar{Y}| \geq d) \leq 2\alpha$

在假設 $\bar{y}$ 的分配為常態分配的情況下，d 必須至少滿足

$$d \geq z_\alpha \sqrt{\frac{1-f}{n} S^2},$$

或 $\qquad \dfrac{nN}{N-n} \geq \dfrac{z_\alpha^2 S^2}{d^2}$

$$\Longleftrightarrow \quad n \geq \frac{z_\alpha^2 S^2}{d^2} \bigg/ \left(1 + \frac{1}{N} \frac{z_\alpha^2 S^2}{d^2}\right).$$

(2) 在其他複雜的抽樣設計下，假設所需樣本數為 n_c

則 $\dfrac{n_c}{deff} = n$

i.e. $n_c = deff \cdot n$

$$\geq deff \cdot \frac{z_\alpha^2 S^2}{d^2} \bigg/ \left(1 + \frac{1}{N} \frac{z_\alpha^2 S^2}{d^2}\right).$$

3. 在樣本數 $n = 150$ 的簡單隨機抽樣下，假設有 125 位受訪者表示贊成總統直選。試問在 95% 信賴度的要求下，贊成總統直選比例的信賴區間為何? 結論在什麼前假設提下成立?

解 假設 150 位受訪者均回卷

贊成總統直選比例 $P = \dfrac{125}{150}$，則其 95% 信賴區間為

$$P \pm z_{0.025} \left\{ \frac{\sqrt{p(1-p)}}{n-1} \sqrt{1-f} + \frac{1}{2n} \right\}.$$

在此若忽略 f（假設母體很大）

則 $\dfrac{125}{150} \pm 1.96\left\{\dfrac{\sqrt{\dfrac{125}{150} \cdot \dfrac{25}{150}}}{149} + \dfrac{1}{300}\right\}$

$= [0.821897, 0.844769]$ 為所要的信賴區間。

以上的結論基本上在 $N \to \infty$，$N - n \to \infty$ 及 $n \to \infty$ 的假設下，使得 P 的分配約像常態分配的前提下得到的。

消費者行為

沈永正／著

研究消費者行為是成功行銷的必備要素！

本書特色可歸納為以下三點：

1. 強調理論的應用層面，在每個理論之後，都將該理論在行銷策略上的應用舉例說明。

2. 納入同類書籍較少討論的主題，如認知心理學中的分類、知識結構的理論與品牌管理及品牌權益塑造的關係。本書也納入近年熱門的主題，如網路消費者行為、體驗行銷及神經行銷學等。

3. 每章結束後皆設有選擇題及思考應用題，強調概念與理論的應用，期使讀者能將該章的主要理論應用在日常的消費現象中。

本書內容兼具消費者行為的理論與應用，適合大專院校學生與實務界人士修習之用。

現代企業管理

郭振鶴／著

企業的經營管理需要運用各種科學方法，然而管理方法會隨著時代的變遷與進步而改變。

企業管理哲學已由傳統的產品導向，轉為社會行銷導向，強調企業對個人與社會的責任。

本書以企業社會責任的經營原則貫串全書，期使讀者在掌握本書的知識後，運用於各種管理場合之中，打造一個造福社會的企業。

市場調查

沈武賢／著；方世榮／審閱

　　本書以簡要、清晰及深入淺出的方式，介紹市場調查的基本原理以及各種調查方法在實務中的操作運用技巧。內容包括：市場調查緒論、市場調查的組織部門和人員、市場調查之運作程序、原始資料和二手資料的收集方法、問卷之設計與實例、實驗設計方法、抽樣方法與抽樣誤差、各種市場調查的實務應用與市場調查報告的撰寫等。書末並附有二個實例，詳細介紹市場調查的相關程序及作法，幫助讀者於實務中靈活運用。

　　各章前均附有學習目標，章末有本章摘要與習題，可讓讀者對重要概念與原理更加瞭解，加強閱讀學習成效。本書可做為市場企劃、市場開發或行銷管理專業人員的參考書籍，也可供大專院校教學應用。